小泉十三

頭がいい人のゴルフ習慣術

GS
幻冬舎新書
028

頭がいい人のゴルフ習慣術／目次

プロローグ　賢い人ほどゴルフは伸びる

「頭を使えば」誰もが70台でラウンドできる！

世に数多《あまた》あるゴルフのレッスン書のなかで、「バイブル」の名にふさわしい名著といえば、ベン・ホーガンが書いた『モダン・ゴルフ』（塩谷紘訳・ベースボール・マガジン社）をおいて他にはないと私は思っている。一九五七年に刊行されたこの本は、ゴルフのスイングというものを初めて理論的に体系化したもので、以後出版されたゴルフのレッスン書は、クラブの進化などによって新しい理論に置き換えられた部分があるとはいえ、基本的なスイング理論はすべて『モダン・ゴルフ』が土台になっているといっても過言ではない。この本でゴルフを学んだゴルファーは、アマはもちろんプロのなかにも大勢いる。

そのバイブルのまえがきに、次のような一文がある。

「私の見るところでは、ゴルフというものはある段階まで、決して難しいものではない。正直なところ、頭を使ってゴルフに取り組めば、アベレージ・ゴルファーが70台でラウンドできないわけがない……それも、優れたプレーヤー並みのショットをすることによって、である。だが、ほとんどのアベレージ・ゴルファーは、なぜか、自分は〝ロングショット〟をうまく打てないし、フルスイングを正しくおこなう能力も運動神経も持ち合わせていない、と思い込んでしまう。（略）しかし私は、アベレージ・ゴルファーは自分の能力を過小評価していると思う。だれもが、フルスイングでナイスショットを打てる肉体的条件を備えているのだ」

『モダン・ゴルフ』は、ゴルフのスイングを初めて理論的に体系化したという意味だけでなく、全体を貫く志の高さ、文章（訳文）のわかりやすさと美しさにおいても、名著の名に値する。ゴルファーなら誰もが一度は読むべき本だと私は思っているが、わけてもこのまえがきは素晴らしい。

身長5フィート7インチ（約170センチ）、体重140ポンド（約64キロ）と日本人並みの体格にもかかわらず、全米オープン四勝はじめ、メジャーだけで九勝もしたベン・ホーガン。その彼が、「だれもが、フルスイングでナイスショットを打てる肉体的条件を備えている」というのは説得力がある。『モダン・ゴルフ』を最後まで読めば、これがこの本を売らんがための甘い言葉ではけっしてないことがわかる。よくいわれるように、ゴルフは力ではない――そのことがストンと腑に落ちるのだ。

しかも、彼は「アベレージ・ゴルファーが70台でラウンドできないわけがない」ともいっている。ただし、「頭を使ってゴルフに取り組めば」という条件付きで。

では、ゴルフにおいて「頭を使う」とはどういうことなのか？

昔から、ゴルフは「耳と耳の間でするスポーツ」、すなわち「頭を使うスポーツ」だといわれてきた。しかし、『モダン・ゴルフ』には、スイングのメカニズムについてはほぼ完璧な回答が記されているけれど、スイングのメカニズムを離れて、ゴルフというゲームをどう考えるかについての答えまでは記されていないように思う。

ならば、その答えを自分なりに考えてみようではないか――という壮大な試みに挑戦したのが、この本である。

「ん？　ということは、オマエは〝頭が使える〟、つまり〝頭のいいゴルファー〟なのか？」

と思われた読者も大勢いるはずである。

疑問はごもっとも。残念ながら、私はまだまだ腕も考え方も未熟な、ハンデ11のゴルファーにすぎない。だから、この本では、私の代わりにボビー・ジョーンズ、ジャック・ニクラス、中部銀次郎など古今東西のゴルフ名人たちの名言を紹介したり、私の師匠でもある伊藤正治プロの全面的な協力を仰ぐなどして、〝頭のいいゴルファー〟の条件を探っていった。

私はといえば、ほとんどの場面で〝反面教師〟として登場する役回りになっている（というか、実際それしかできないのだが)。

月イチゴルファーから週イチゴルファーへ

それにしても、なぜ、プロゴルファーでもなければ、シングルプレイヤーでもない私がこの本を書くことになったのか。やはり、そのいきさつは述べておく必要があるだろう。

私が初めてクラブを握ったのは、二十七歳のときだった。当時勤めていた出版社で、上司から半ば強制的にゴルフをやるよう命じられたのがきっかけだった。上野のアメ横でハーフセットを買い、上司に赤坂のTBSの近くにあった練習場に連れて行かれ、はじめてボールを打った。一カ月後、栃木県の矢板カントリークラブでコースデビュー。スコアは126で、コースを走り回っていた記憶しかないが、私がいっぺんでゴルフの魅力に取りつかれてしまったのは事実だった。それからは、たとえ仕事がらみのコンペでもその日が待ち遠しかった。もうゴルフがしたくてしたくてたまらないのである。

しかし、二十代のサラリーマンの給料では思うようにゴルフなどできるはずもない。そのうち、会社をやめて独立という人生の一大転機があり、人並みの月イチゴルファーになれたのは、やっと三十代後半のことだった。

以来、十年ちょっと、私は、友人たちと月に一、二度、関東近辺のゴルフ場に出かけては身内だけのゴルフを楽しんでいた。二〇〇三〜〇四年、夏までの年間平均スコアは92〜93というところで、身内のコンペでのハンデは18。90を切れば上機嫌という、文字通りのアベレージゴルファーだった。

しかし、しだいに私は、月に一、二度の身内のコンペだけではもの足りなくなってきた。コンペに出る↓当然のようにミスショットが山ほど出る↓自分に腹が立つ↓なぜミスをするのか考える↓練習場で自分なりにその答えを見つけたつもりになる↓今度こそと誓ってラウンドに出かける↓またもやミスショットが山ほど出る↓以下同。そう、私は、過去何万、いや何百万人ものゴルフ狂がたどってきた〝ゴルフ版悪魔のスパイラル〟にまんまとはまってしまっていたのだ。

私のゴルフへの想いは、徐々にだが、確実に高まっていった。ところが、ゴルフというスポーツは「明日ラウンドしたい」と思っても、四人の仲間が集まらないことには始まらない。私のゴルフ仲間にはサラリーマンが多いから、平日はまず無理。休日も、四人の都合を合わせるのはそう簡単ではなかった。

いつでも好きなときにラウンドをしたい——そのためには、ゴルフ場のメンバーになるしかないと私は決心した。メンバーになれば、予約なしで一人でコースに出かけても、相手がいる。好きなときに好きなだけ、それもビジターフィーより安い料金でゴルフができるのである。というわけで、私は思い切って埼玉県のあるコースのメンバーになった。いまから二年半前、二〇〇四年の夏の終わりのことである。

メンバーになった以上、私はこれまでのような「楽しきゃいい」というゴルフはやめようと思った。いや、本音をいえば、私は、クラブの月例会はもちろん、いずれはクラブ選手権や関東シニアの予選くらいには出られるような〝アスリートゴルファー〟になってやろうじゃないの、と思っていた。そのためには五十歳までにはシングルになろう！——私はそう心密《ひそ》かに誓ったのである。

以後、私は週に一度はホームコースに出かけ、近所のゴルフ練習場にも週に2〜3回は通うようになった。

せっせとスコアカードを提出し、十二月には初めてオフィシャルハンデキャップを取得した。19だった。オフィシャルハンデキャップとは、二年以内にプレイされた直近のスコアカード10枚のなかから、ベストディファレンシャルカード（ストロークコントロールをしたスコアからコースレーティングを引いたもの）5枚を選び、その平均値に0・96を掛けたものだ。

その頃の私は、ほとんど青ティー（6780ヤード、コースレート71・5）を使っていた。スコアは、10ラウンド中、二〜三回は80台後半で回り、平均スコアはやはり92〜93というところだったから、ハンデ19というのは、まずは妥当な数字といえた。

シングルになって初めて見た地獄

そんな私に、突然のように〝ゴルフの天使〟が舞い降りてきたのは翌年の五月だった。四月に、練習のしすぎで右のふともも裏の筋肉（ハムストリング）に軽い肉離れを起こし、練習を軽めにしたのがよかったのだろうか。それまでハーフで41がベストだったのが、立てつづけに39、37と30台が出た。そして、とうとう五月の最終週には、生まれて初めて80を切った。42―37の79。後半は、3パットが2回、池ポチャが1回ありながらも、2バーディー、3ボギーという内容だった。さらに、六月には初めてクラブの競技会に出場し、あっさり優勝。ハンデは16になった。

夏から秋にかけても快進撃は止まらなかった。70台は出なかったが、スコアは80台前半で安定していた。この頃、同伴した他のメンバーからは「飛びますねぇ」とか「ハンデ16なんてウソでしょ」とよく言われた。「いやあ、叩くときは叩くんですよ」などと言いつつも、内心は得意満面だった。そして、十二月。初めての月例会（ハンデ14以上のBクラス）に出場した私は、ここでもグロス82、ネット66というぶっちぎりのスコアで優勝したのである。

かくして、ハンデは一気に9へ！

おお、なんということか。このとき私は四十九歳と二カ月。私は目標の五十歳より十カ月も早く、シングルになってしまったのである。

有頂天とは、まさにこのときの私のような状態をいうのだろう。私は自分にゴルフの才能があることを信じて疑わなかった。その年の暮れ、友人たちに書いた年賀状に、「五十五歳までにはクラチャンになり、そして関東シニアに出るのが夢」なぞと大言壮語してしまうほどに。が、好事魔多し《こうじま》というか、禍福はあざなえる縄の如《ごと》しというか……。

明けて二〇〇六年。二週間ぶりに出かけたホームコースで、私は惨憺《さんたん》たる自分のゴルフに途方に暮れることになる。ドライバーは、プッシュアウトかヒッカケばかりでOBが2発。アイアンは、ほとんどがコスリ球で、パーオンしたのは2ホールのみ。アプローチはザックリの連続で、パッティングは3パットの山（パット数40！）……。

もう二度と見るはずがないと信じていた「100」というスコアが、正月早々、悪夢のようによみがえってしまったのだ。

そこからは、ドロ沼の連続だった。90が切れないのである。ハンデ9になってからは、もっと上手《うま》いメンバーと組む機会が増え、当然のようにフルバックから回ることが多くなっていた。ホームコースのフルバックは、7155ヤード（コースレート73・1）だ。

ホンモノのシングル氏たちは（すでにこの頃、私はすっかり自信をなくしており、自分のことをニセモノのシングルだと思っていた……）、7155ヤードと聞いても恐れるふうもなく、当たり前のようにティーショットを260ヤード先のフェアウエイまで飛ばし、アイアンで悠々とパーオンしてくる。

一方、私はといえば、彼らの飛距離に、ときに圧倒され、ときに負けまいと力み、かくしてますますボールは曲がり、飛距離も落ちていた。我がコースは、フルバックからだとティーショットがそこそこ当たっても、残りは200ヤード近くあるミドルホールが多い。

いま思えば、パーオンなど狙わず、9番アイアンくらいで刻むべきホールは多々あったはずなのだが、そこを無理してウッドやロングアイアンで狙うものだから、私は、ダフリ、トップ、ヒッカケ、プッシュアウトなど、あらゆるミスショットの製造機と化していた。悠然とグリーンで私を待っているシングル氏たちを前に、あせった私はアプローチもミス。そして、3パット……。

ふり返りたくもないが、この頃の私の平均スコアは92〜93。距離が長くなったとはいえ、スコアだけを見れば、月イチゴルファー当時のレベルに戻ってしまったのである。

とうとうプロの門を叩く

どうして、かくもゴルフが下手になったのか？　連続して30台を出し、80を切った自分はどこへ行ってしまったのか？

ゴルフ関係の本はイヤというほど読んでいたから、アマチュアが陥りがちなスイングの欠点は、たくさん知っていた。テイクバックでクラブをインに引きすぎる、左肩が落ちる、切り返しの間がない、ダウンスイングを急ぎすぎる、インパクトで上体が伸びる、頭が突っ込むなどなど。が、自分にはいったいどれがあてはまるのかわからない。

プッシュアウトやヒッカケなど、結果として現れる「症状」が見えているだけで、「原因」も「治療法」も不明。どうすべきか？　これはもう「専門医」に診《み》てもらうしかないのではないか、という結論に達したのは、一月の下旬だった。

それまで私は、プロから本格的なレッスンを受けたことがなかった。まだ出版社に勤務していた二十代の終わりに、ゴルフのレッスン書を何冊か編集し、著者のプロゴルファー氏と何度かラウンドしたことはあったけれど、当時の私は100も切ったことがない正真正銘のビギナーだった。それでもゴルフの本が担当できてしまえるところが我ながら凄《すご》いが（しかも、その本は売れた！）、そんな私に彼が教えたことは、「もっとトップを高く。若いんだから、バ〜ンと振れ」ということだけだった。

それに、そもそもの話、私は以前から「ゴルフのレッスンを受ける」ということにかなりの抵抗があった。フリーの身ゆえ、レッスンは昼間のほうが都合がよかったが、そういう時間帯のゴルフスクールの生徒といえば、どうしたって中高年の女性が多い。そういうなかに混じって、冷静にレッスンを受けることができるのか（いや、できはしまい）。

かりに生徒は男性ばかりだとしても、あるいは個人レッスンを選んだとしても、この歳になって「生徒になる」ということには忸怩《じくじ》たるものがあった。ほとんどの期間が月イチゴルファーだったとはいえ、ゴルフ歴だけなら正味で十五年くらいはあるのだ。いまさらレッスンなんて……という思いもあれば、レッスンフィーを払うくらいなら、その分ボールを打ったほうがいいというケチな根性も働いていた。

しかし、状況は、すでにそんなことを言っていられるほど甘くはなかった。もうガタガタなのである。前に仕事をした件《くだん》のプロゴルファー氏が、「シングルでも、ある日、トップの位置に迷いだして90が切れなくなることがある」と言っていたことを思い出したのもこの頃だった。

かくして私は、どんなゴルフスクールがあるのかネットで調べることにした。そして、あちこちクリックしているうちにＧＤＯ（ゴルフダイジェスト・オンライン）のブログに行き当たった。

目についたブログを片っ端から読んでいった。その中に、ｙａｎａｇｉ氏なる人物のブログがあった。プロフィールをみると、ｙａｎａｇｉ氏はハンデ2で、関東アマ出場歴二回というトップアマだった。その彼が「伊藤正治」というプロからレッスンを受けたところ、目からウロコが落ちた、という内容のことを書いていた。

よく読んでみると、ｙａｎａｇｉ氏はとにかく練習熱心で、ゴルフについてもしっかりした考え方の持ち主であることがすぐにわかった。「伊藤正治」なるプロは、三鷹でスクールもやっているという。三鷹なら我が家からクルマで二十分ほどの距離だ。うむ、彼しかない。よし、彼に教わってみよう！

その年の一月から開校していたスクールは、10回中4回が終了していたが、私は無理をいって途中から入れてもらった。冷たい北風がふきつける、二月初めのことだった。

「なんなんだ、この醜いスイングは！」

あとで知ったのだが、じつは伊藤プロも、私が門を叩いたころ、ちょうどブログを始めていた。ブログのタイトルは「Japan Open 25年ぶり出場目指して」（現在のタイトルは「26年ぶり出場目指して」に変更されている。http://blog.golfdigest.co.jp/user/hiramekigolf/）。彼は学生時代、日本オープンに出場したことがあった。しかし、プロになって、いろいろなトーナメントに出られるようになったのはいいのだが、日本オープンだけは学生時代を最後に一度も出場するチャンスがなかった。

そのうちに彼は現役を引退。若手プロやアマチュアの指導にあたるようになった。ところが、二〇〇六年の日本オープンが霞ヶ関カンツリー倶楽部で開催されるとなって、「もう一度日本オープンに出たい！」という気持ちがふつふつとわきおこってきたのだという。

霞ヶ関カンツリー倶楽部は、天下に知られた名門コースで、日本アマや日本学生などアマチュアゴルファーの全国レベルの大会会場になることでもよく知られている。伊藤プロのようなかつての学生ゴルファーにとっては、自分を育ててくれた故郷のようなコースなのだ。

しかも、ここ数年は、彼の弟子（ジュニア）が、毎年のようにこのコースで開催される大会に出場しており、彼もその応援にでかけていた。彼は、弟子や教え子のためにも、現役復帰を決意した。ブログのタイトルは、その決意表明である。伊藤プロ、四十七歳。その心意気やよし、である。

ただし、ブログの内容は、彼の日々の記録というより、ブログ読者に向けてのレッスンが圧倒的に多かった。このあたり、今思えば、いかにも伊藤プロらしい人のよさがあらわれている。しかも、文章だけでなく、自分をモデルにしたスイングやドリルの映像をうまく取り込んでいるところが素晴らしい（あとで聞いたが、こうしたパソコンの利用法はまったくの独学だという。うん、私より頭がいい）。スポンサーもなんの見返りもなく、ここまで惜しげもなくプロの技を公開する人はそういまい。私は、すっかり気に入ってしまった。彼のブログがGDOのブログ人気投票で、一時2位になったのも当然というべきか。

この本では、伊藤プロのブログや**「ひらめきゴルフ塾」**という彼のホームページ（アドレスは http://www.geocities.jp/hirameki_golf/index.html）にある映像レッスンも随時、紹介していく。いうならば、活字と映像によるコラボレーションで、ゴルフのレッスン書として我ながら画期的な試みだと思っている。

さて、そんな伊藤プロのレッスンである。場所は、三鷹市北野にある武蔵グランドゴルフという練習場。私が入門したのは、毎週月曜日の午後八時半から十時までの中級〜上級コースで、生徒はすべて男性だった（ホッとしました）。

その一回目、伊藤プロは生徒全員のスイングをビデオに撮影し、教室に移動してその講評をすることになった。私の番がきた。モニターに映し出された自分のフォームを見ての率直な感想は、

「なんなんだ、この醜いスイングは！」

だった。

いかにも窮屈そうなアドレス。テイクバックの開始と同時に、10センチも伸び上がる上半身。とくに身体の右サイドが伸びきってしまっていた。クラブはといえば、身体に巻きつくようにインに引かれ、極端なオーバースイングのあと、ジム・ヒューリックとは反対の〝逆8の字〟を描くような複雑な曲線に沿って降りてくる。インパクトでは爪先立ちになってさらに身体全体が伸び上がる。そして、フォロースルーではクラブは真上からやや右方向に振り上げられ、自分の脳天をカチ割りそうになるギリギリのところでフィニッシュを迎える。

結果は、スライスというより、極端なプッシュアウト。映像でみれば一目瞭然。クラブが、ボールを右に高くすくい上げよう、すくい上げようとして動いているのだ。

そういえば、十年ほど前、私は某ゴルフ練習場の二階席で、天井の蛍光灯を割ってしまったことがあった。そのときは、「おれのようなスイングアークの大きなゴルファー（＝飛ばし屋）には、この練習場の天井は低すぎるのだ」としか思わなかったが、なに、これは私のスイングが文字通り常軌を逸していただけの話だったのである。

「自分を知らない」とは、本当におそろしい。私は、蛍光灯を割ったあの日から少なくとも十年間、この規格外のスイングを「豪快なスイング」だと自惚れ続けてきたのだから。

いったいどこにゴルフの才能があるというのだ！　何がハンデ9だ！

初めて自分のスイングを見たその日、私は、かくも不格好なスイングで70台を出したことが信じられなかった。

誰も「自分のほんとうの姿」を知らない

ショックで顔がひきつっている私に伊藤プロが授けてくれたアドバイスは、「テイクバックでしゃがめ」ということだった。「あそこまで極端に右サイドが伸びてしまうと、身体に『伸びるな』と命令しても効果がない。右サイドに体重を乗せるためには『しゃがめ！』と命令するくらいでちょうどいい」というわけである。

やってみた。伊藤プロは、まだしゃがみ方が足らないという。「あなたは、まだ〝伸びない努力〟をしているだけで、〝しゃがむ努力〟をしていない」と伊藤プロ。今度は、20センチくらいしゃがんだつもりでテイクバックしてみた。いいボールが出た。

「そうそう、いまくらいでいい。自分ではしゃがんでいるつもりでも、全然しゃがんでません。それで普通ですよ」と伊藤プロ。

今なら、右サイドが伸びる悪癖は「飛ばそう」と力んだときほど出やすいことを私は知っている。シングルになって、フルバックからプレイするようになると、知らず知らずのうちに飛ばそうと力んでいたのだろう。だから、ますます右サイドが伸び、スイングプレーンも崩れ、ショットもスコアもボロボロになってしまっていたわけだ。

ともかく、こうして伊藤プロとのレッスンは始まった。今日まで私がどんなレッスンを受け、それが私のゴルフをどう変えてきたのかについては、これからおいおい紹介していくつもりだが、ここで読者のみなさんに声を大にして言いたいことがある。それは、何であれ「自分のほんとうの姿」というものを知らない限り、上達はありえないということである。

ゴルフにおいての「自分のほんとうの姿」とは、技術であり、体力であり、ゴルフについての考え方であり、さらには性格まで含まれると考えていただきたい。私は、伊藤プロに出会うまで、いまあげたすべてについて無知だった。しかし、いま少しずつ自分がわかってきて、それに見合ったゴルフをしようとしている。

そういえば、伊藤プロに、この二年間の自分のゴルフについて話したとき、こんなことを言われたことがあった。

「小泉さんは、ハンデ12から14という時期を過ごさずに、16からいきなり9になって、少し謙虚になったんですよ。ハンデ12〜14というのは、子供の反抗期の年齢と同じ。ゴルフがわかったフリをしたがる。私たちプロがいちばん教えにくい時期でもあるんですが、あなたはその時期を過ごさずに、いきなりシングルという〝大人の世界〟に飛び込み、そこでボロボロになって戻ってきた。自分を知るという意味では、ほんとうにいい経験だったじゃないですか」

神童や天才でもない限り、誰にでも壁はある。読者のみなさんのなかにも、100の壁、90の壁、80の壁を前にもがいている人が大勢いるはずだが、その壁を突破するためには「自分を知る」ことから始めるしかないと私は思う。

というわけで、「頭のいいゴルファー」の最初の条件が見えてきた。そう、それは「自分を知っている」ということである。自分を知っていれば、体力の限界を越えたマン振りも、50センチしか隙間がない木と木の間を通そうとすることも、ミスショットにいちいち腹をたてることもなくなる。つまり、確実にスコアはよくなるはずなのである。

独学の落とし穴

では、「自分のほんとうの姿」を知るためにはどうすればいいか？

たとえば自分のスイングを知りたければ、ビデオに撮影してみればいい。いまどきのゴルフスクールではたいていい生徒のスイングを撮影して、スイングプレーンが云々といった解説をしてくれる。それが面倒なら、練習場にビデオカメラを持っていって、自分で撮影してみればよい。

しかし、これまで練習場で自分のスイングを撮影している人を見かけたのは、一度しかない。鏡の前で自分のフォームをストップモーションでチェックしている人は多いけれど、実際のスイングと鏡に写った〝静止画像〟はまったく違う。それでは自分のスイングを知ったことにはならないのだ。

もっとも、ビデオに撮影して、自分のスイングを見たとしても、それは自分のスイングを単に「見た」というだけで、「知った」ことにはならない。つまり、「知る」ためには、自分のスイングのどこがどう悪いのかを発見しなければならない。そして、さらに「上達」するためには、その欠点の改善策を考え、実行する必要がある。

それができるのは、ほんとうの上級者かプロしかいない。

ほんとうにゴルフが上達したい人は、結局のところ、プロ（もしくは、プロ並みの技量と目をもつ上級者）のレッスンを受けるしかないと私は思う。

タイガー・ウッズであれ、片山晋呉であれ、いまどきのプロゴルファーにはたいてい専属のコーチがついているのはご存じのとおりだ。野球でも、少年野球からプロ野球までコーチや監督がいるのは当たり前だし、そのことは他のどんなスポーツでも同じである。

ところが、ことゴルフに関しては、圧倒的に独学派が多い。不思議である。何度か練習場に通えば、とりあえずボールが前に飛ぶようになるからだろうか。そして、コースに出れば、一発くらいは会心の当たりがあったりするからだろうか。

しかし、そうした自己流の練習や会心の当たりだけを求めるラウンドでは、ストレス解消にはなっても、ゴルフの上達など望むべくもない。いや、なかにはなかなかゴルフがうまくならないことに業を煮やしてゴルフをやめてしまう人もいるから、ゴルフとは人によってはストレスフルなスポーツだともいえる。

それでも、ゴルフの魅力にとりつかれた人は、ときにストレスをためながらもやっぱりがんばってしまう。まるで「シングルになるためにはトラック一杯分のボールを打たなければならない」という伝説を信じているかのように。

たしかにそれだけのボールを打てば、上手くはなるだろう。しかし、それには途方もない時間とお金がかかるし、下手をすれば、それこそ「下手を固める」ことにもなりかねない。自己流はあまりにも遠回りかつ危険なのだ。

マスターすべき動きは、そう多くない

ゴルフはスイングの基本をマスターすれば、かなり応用がきくスポーツだ。ベン・ホーガンも「私がしっかり身につけておかなければならなかったのは、身体の基礎的動きであり、それ自体はそう多くなかった」と言っている。

悪いことはいわない。あなたがほんとうにゴルフの上達を望んでいるのなら、ただちにプロのレッスンを受けて、スイングの基本、つまりベン・ホーガンのいう「身体の基礎的な動き」を学ぶことである。そのほうが早くゴルフが上達するのはもちろん、そのための費用だって、トラック一杯分のボール代より安いはずである。

なんだかプロのレッスンの宣伝めいてしまったけれど、もちろんプロのレッスンさえ受ければ、ゴルフのすべてがわかるというわけではない。ゴルフはスイングさえしっかりしていれば、そして実際に〝いい球〟さえ打てれば、いいスコアで上がれるというほど単純なスポーツではない。ベン・ホーガンもいうように、ゴルフは「頭の使い方」がとても大切なのだから。

というわけで、この本には、古今東西の名ゴルファーたちの「頭の使い方」をはじめ、伊藤プロ直伝の実践的な練習法やコースマネジメントについての考え方もたっぷり紹介した。読む

だけでもあなたのスコアが縮まること、それはまず間違いないと思う。

そして――。

こういうことは、ふつうレッスン書にはあまり書いてないのだが、さらに上達を望む人は、やはりラウンドの回数を増やすしかないと私は思う。

ゴルフというスポーツは、他のどんなスポーツより経験がものをいう。ゴルフでは、同じ条件下でボールが打てるということがまずありえない。一球一球、違うライや風のなかでボールを打たなければならない。千変万化する状況に対応するためには、やっぱり場数がものをいうのだ。

ラウンドの回数を増やすためには、コースのメンバーになるのがいちばんいい。メンバーになれば、ゴルフ仲間も増えるし、月例会などの競技に参加する機会も増える。休日も一万円前後でプレイできるから、自然にラウンド数が増えてくるのだ。

もちろん、メンバーになるためには、それなりの費用がかかるけれど、最近は〝友の会方式〟のコースも増えており、しかるべき年会費を払えばメンバー並みの料金でラウンドできるところもある。まあ、メンバーや友の会会員になるかどうかは、つまるところ、読者の経済状況とゴルフに対する価値観および家族の理解度の問題だから、これ以上差し出がましいことはいわないでおきますが……。

ただ、あえて本音をいわせてもらえば、月イチゴルフでシングルになるのは至難の業《わざ》、99パーセント不可能だと私は思う。よくゴルフ雑誌には「月イチゴルファーでもシングルになれる！」みたいな企画があるけれど、私は信用しない（そういう記事でモデルとして登場するシングル氏は、じつは学生時代にゴルフ部所属だったりする）。月に一度のゴルフでは、身体も頭も心もゴルフのことを忘れてしまうのだ（週に一度でも怪しいほどである）。

そもそも、月に一回程度の実戦経験でうまくなれるスポーツなど、この世にひとつもないのではないか。中学・高校時代、運動部に所属していた人は、当時の部活を思い出していただきたい。平日は朝練に放課後の練習、週末は試合、夏休みは朝から晩まで練習漬け——。そういう日々を二年も三年も続けて、やっとそこそこうまくなれたのではなかったか。

アメリカで「サンデーゴルファー」といえば、「週末しかゴルフができない、サラリーマンゴルファー」という意味だ。それでも日本の月イチゴルファーと比べれば、最大で四倍もラウンドしている計算になるけれど、サンデーゴルファーはアベレージゴルファーの代名詞であることを忘れてはならない。

中学・高校の体育の成績などから類推するに、私の運動神経は「中の上」か「上の下」というところだろう。そんな私が、二年間で１００ラウンドして、練習はたぶん人並み以上にやって、やっとハンデ11なのである。片手シングルや研修会に所属しているようなゴルファーには、ラウンドは週に二回、年間では100ラウンドという人がざらにいる。そのなかには、運動神経が「上の上」という人もいるはずだが、それでもスクラッチプレイヤーになれるのは、十人のうち一人いるかいないかだろう。こうした現実をみれば、月に一度のラウンドでもシングルになれるのは、驚異的なマッスルメモリーと運動神経、ゴルフセンスを併せ持つ、ひと握りの天才しかいない。そう断言しても差し支えあるまい。

やはり、コースのメンバーになってラウンド数を増やすこと。プロの教えをうけること。〝正しい練習〟をくり返し、最低限の体力や筋力をつけること。そして、練習でもラウンドでも頭を使い、心を平静に保つこと。ゴルフ上達の道は、つまるところこれしかないと思う。

ちなみに、私は、本格的にゴルフを始めてから外で飲む回数が激減した。先日の健康診断では、医者から「何かスポーツ始めたのですか?」ときかれるほど、一年前とくらべて血中の中性脂肪値が減っていた。ゴルフに使うお金は交通費やクラブなどの用具代、練習費、レッスン料なども含めると、ふつうのサラリーマンの小遣いよりも多いとは思う。しかし、飲み代が激減したこと、健康になったことなどを考慮すれば、一連の収支はむしろ黒字だと思っている。

イメージとひらめきを大切に

さて、プロローグの最後に、最近の私のゴルフについて簡単に報告しておこう。

伊藤プロのレッスンを受けるようになっても、正直な話、すぐにゴルフはよくならなかった。以前の私なら、レッスンを受けるのをさっさとやめてしまったところだろうが、伊藤プロの話が面白く、レッスン内容も極めてユニークだったため、やる気はいっこうに失《う》せなかった。

三月、四月とレッスンのたびに目からウロコが落ち、徐々にナイスショットの確率が高くなってきたが、それでもなかなかスコアには反映されなかった（この時期はライも悪いし……と言い訳）。結局、五月のハンデ改正で、私のハンデは前述したとおり9から11になった。十分すぎるほど予想された結果で、がっかりもしなかった。

ところが、六月になって芝が青々としてくると、この年初めてハーフ39（青ティー）というスコアが出た。そして、それから二週間後の月例会（Aクラス）では、土砂降りの雨のなかフルバックからというキツい条件にもかかわらず、前半を39で上がり、グロスでトップタイに立った。後半は47も叩いて結局五位に終わったのだが、少しやれそうな感じが出てきた。

夏はラウンド数が減って、ボチボチというところ。九月以降は、30台がポツポツ出るようになったものの、しかし、残りのハーフがダメというラウンドが続いている。70台はあの夏以来、まだ出ていない。

解決すべき問題が山積していることはわかっている。スコアメイクについては、とくに出だしの3ホールで、4オーバー以上叩いてしまうラウンドが多いこと、パッティングが下手なことがスコアがまとまらない最大の理由であることも。

以前、「ゴルフの練習は、明日ではなく、一年後に上手くなるためにやるもの」という話を誰かから聞いたことがある。それを信じて、コツコツ練習していけば、この長い長いトンネルもいつかは抜けられるはずだと思っている。伊藤プロは、私が尋ねない限り、あまり対処療法的なアドバイスはしない。しかし、彼のいう〝動き〟と〝感じ〟がつかめれば、ある日突然、ゴルフが変わる——そんな日が本当にやってきそうな予感がするのだ。

伊藤プロからは、常々「ダメですよ、あんまり頭でっかちになっちゃ。ゴルフは〝感じること〟、つまりイメージやひらめきが何より大切です」といわれてはいるのだが、今回、本書を執筆するにあたっては、伊藤プロのアドバイスに耳を傾けるだけでなく、古今東西のゴルフの名手たちの本をイヤというほど読み、なるほどと思った教えのひとつひとつをコースや練習場で試してみる必要があった。

まあ、頭でっかちになった部分はたしかにあるけれど、それは読者には関係のない話。読者は本書の美味《おい》しいところだけをピックアップして実践していただければ、ちょっとくやしいけれど、私のような遠回りをしなくてもすむはずと思っている。

第一章　上達を阻む五つの盲点

「本能」が邪魔をする

ゴルフは「逆説のゲーム」だといわれることがある。あることをやろうとすると、正反対の結果に終わるという意味だ。たとえば――。

1　ボールを飛ばそうとすると、かえって飛距離が落ちる。
2　ボールを上げようとすると、ダフるかトップする。
3　右に打ちたくないと思って左を向いて打つと、ボールは右に曲がる。
4　池に入れまいとすると、池に入れる。

ゴルファーなら、誰しも経験済みのことだと思うが、なぜ、ゴルフは自分の意志とは正反対の結果に終わることが多いのか？

結論を先にいうと、それは、「飛ばしたい」「ボールを上げたい」「右に打ちたくない」「池に入れたくない」という思いが、無意識のうちに身体に逆の動きをさせてしまうからだ。つまり、本能が正しいスイングの邪魔をしてしまうのである。

1でいえば、ボールを飛ばそうとする↓マン振りする↓両腕に力が入ってクラブヘッドが走らない↓ヘッドスピードが落ちる↓飛ばない。あるいは、マン振りする↓クラブがスイングプレーンから外れる↓スイートスポットに当たらない↓飛ばない。

2は、ボールを上げたい↓クラブの上昇過程でボールを掬《すく》おうとする↓クラブがボールより先に地面に接触する↓ダフるか、ヘッドがはねてトップする。

3は、左を向く↓クラブがアウトサイドインの軌道になる↓ボールにスライス回転がかかる↓右に曲がる。

4の理由は2と同じだが、もうひとつ、「池に入らなかったかどうか」その結果を早く見たいために、ヘッドアップしてしまうという場合もある。

まったく皮肉なものだが、私たちが本能に従って、力を入れたり、身体の向きを変えたりするのは、ある意味、やむをえないことなのだ。

なぜなら、私たち人間の身体の動きというのは、ゴルフ以外の場面では、本能に従ったほうが身の危険から免れるなど、好結果をもたらすことが多いからだ。たとえば、散歩しているときに、正面からクルマが自分に向かって暴走してくれば、私たちは反射的にクルマをよけようとする。あるいは、誰かがミカンを放り投げてくれば、とっさに両手を差し出してミカンを受け止めようとする。これらは、みな本能に従った身体の動きであり、それによって私たちは事なきを得ている。そういうことを生まれてこの方、何十年にもわたってやってきたのだから、そう簡単には本能に逆らうことはできない。その本能が、ことゴルフにはマイナスに働くのだから、ゴルフが難しいのも当然というべきか。

我が師匠であるところの伊藤プロも、ゴルフを始めて一年くらいたった高校生の頃、「思ったことと逆のことをやればいいのだ」ということに気がついたという。スライスさせたくなかったら、思い切って右を向いて打ってみる。そうすると、クラブは自然にインサイドアウトの軌道になり、ボールにフック回転がかかって、ボールはいったんは右に出るけれど、左に戻ってくる、ということに気がついたというのだ。ゴルフを始めて一年でこういうことに自分で気がつくのだから、さすがに後にプロゴルファーになる人間は違うというべきか。

ただし――。伊藤プロは、こんなことも言う。

「本能も大切なんです。たとえば、子供の頃、水の入ったバケツを持って、腕をグルグル回して遊んだことがあるでしょ。そのときは、誰に教わらなくても、バケツの把手《とって》は軽く握って、腕にもそんなに力は入れなかったはず。だって強く握ったり、腕に力を入れたら、遠心力が働かなくなって、バケツをうまく回すことができませんから。じつは、ゴルフのスイングも同じなんです。クラブは軽く握り、腕の力を抜いてスイングしないと、うまく振れないようになってるんですよ」

結局、本能との折り合いをどうつけるかが肝心だということだろう。ただ、そのためには、身体がどういう動きをすると、クラブはどう動くのか、そのとき遠心力や重力はどう働いているかといった物理的なメカニズムを知っておく必要がありそうだ。が、理屈ばかりが先行すると、今度は頭でっかちになって、スイングがギクシャクしてしまう。だからゴルフはいよいよ難しいし、簡単には上達できないようになっている。

まずは頭でっかちにならないこと。ゴルフ上達のための最初のカギは、そんなところにありそうである。

「力」は本当に要らないのか？

ビッグ・イージー——私の好きなアーニー・エルスのニック・ネームである。

ビッグ・イージーとはよく言ったもので、たしかに彼のスイングは、どこにも力が入っておらず、いともイージーに（楽に）クラブを振っているように見える。タイガー・ウッズの全身の筋肉がすべて躍動しているようなパワフルなスイングと比べると、私なぞは常々「タイガーの真似はとてもできないけど、エルスなら……」と思っていたものである。読者のなかにもきっと私のようなアーニー・ファンがいるはずだが、伊藤プロにいわせると、「エルスのスイングは、身体が柔らかいこともさることながら、強靭《きょうじん》な足腰と背筋・腹筋がないと不可能」なのだという。

テイクバックからトップにかけて、前傾姿勢をキープしながら上体をあれだけ捻《ひね》り、体重を右に移動させるためには、身体の右サイドで体重をしっかり受け止める必要があり、そのためには足腰と腹筋、背筋がよほどしっかりしていなければならない。

さらに、トップからインパクトにかけては、いかにもクラブが自然に落下しているように見えて、その実、クラブが身体から離れないよう、腕の筋肉から腹筋、背筋、大腿部の筋肉まで、それこそ全身の筋肉を使っているという。エルスの場合、あれだけ肩を回し、トップも高いのに、前傾姿勢にも下半身にも一切の乱れがない。つまり、彼はじつは大変な筋力の持ち主、つまりパワーヒッターであり、「まあ、ふつうのゴルファーでエルスのスイングを真似ていい、というか真似られるのは、テンポだけかな」（伊藤プロ）というわけである。

「イージーにスイングするためには、パワーがいる」

と、ここでもひとつゴルフについての逆説が見つかったわけだが、伊藤プロの話を聞いて、私は自分がテイクバックで右サイドが伸び上がる理由が力み以外にもあるとわかった気がした。一言でいえば、伸び上がらないことには身体が苦しいのである。

テイクバックで体重が右に移動してくる。正しいスイングは、それでも前傾角度をキープし、右ヒザが伸びたり、右に流れないよう〝我慢〟しなければならないのだが、私はその〝我慢〟が足りなかった。結果、右に移動してきた体重（パワー）を上に逃がすことになり、飛距離も出ないし、スイングプレーンも乱れて方向性も悪くなっていたというわけである。

それに気づいてからというもの、私はしばらくの間、練習で右サイド（とくに右膝と右股関節）が伸びないよう〝我慢〟し、しっかり体重を受け止めることだけを意識した。おかげで、右の太ももの筋肉がパンパンに張ってしまったのだが、この〝我慢〟ができた上で、スイングプレーンに沿ったダウンスイングと先行する腰の回転、そしてギリギリまでコックのリリースを遅らせたインパクトがドンピシャリのタイミングで重なると、自分でも惚れ惚れするような力強いボールが出るようになった。まあ、こんなショットは練習でもそうは度々出ないのだが、ちょっとだけスイングの核心に触れることができたような気がしている。

ちなみに、ダウンスイングというものが、いかに力が必要かを知るためには、伊藤プロのブログまたはホームページに掲載されている**ブログレッスン集06年7月28日と8月1日の項（「夏はやっぱりチューブでしょ♪」編）**を読んでいただきたい。夏をテーマにしたヒット曲が多いチューブというバンドに引っかけて、ゴムチューブを使ったダウンスイングの練習法が公開されている。私もやってみたが、ウッソ〜と思うほどパワーがいります。以後、私は、風呂上がりの腹筋、背筋、腕立て伏せ、スクワットを日課にしようと誓ったほどだ。

「ゴルフは何歳になってもできますが、相応の力は必要です。ただし、力んじゃダメ。パワーと力みの違い、さらにいえば、力まないことと緩むことの違いがわかるようになったら、シングルでしょ」

とは我が師匠の弁である。

「見る」ことが少なすぎる

プロローグで、多くのゴルファーは自分を知らないという話をした。そして、自分を知るためには、たとえば自分のスイングをビデオカメラに撮影して、上級者やプロにチェックしてもらうことをすすめた。ここでは、その話の続きである。

じつは、自分のスイングをビデオカメラに撮影してチェックすることは、かつて日本を代表するトップアマだった中部銀次郎氏もすすめている。

（微妙なスウィングの）違いを知るためには、とりあえず現在の自分のスウィングがどのようなものであるかを知っておく必要があるでしょう。自分の実像。まずこれを連続写真なりビデオなりで撮ってみる。で、自分のイメージしているスウィング、体の動きとどこが違っているかをチェックする。このようなことを何度も繰り返していくと、だんだん実像とイメージが近づいてきて、最終的にはピタリ一致するようになってくる。

（『わかったと思うな　中部銀次郎ラストメッセージ』ゴルフダイジェスト社）

ビデオカメラのない時代に青年期を過ごした中部氏は、早い時期に8ミリカメラで自分のスイングをよく撮ってもらい、そのせいで自分の弱点をいち早く把握することができたという。ただし、撮影するときには、それがどんなショットだったかをかならず記録しておくことが大切だと中部氏はいう。ショットの結果を記録しておけば、どんなスイングのときにミスショットし、どんなときにナイスショットが出るのか、ということが比較できるからだ。

これは確かにその通りで、私も自分のスイングをビデオに撮るときは、「いまのは右プッシュアウト」とか、「真《ま》っ直《す》ぐだけどテンプラ気味」のように、カメラのマイクに向かってしゃべっている。

ただ、私の場合、問題は、中部氏のいう「スイングの微妙な違いを感性でもって知覚することと」ができたり、できなかったりする点にある。あるときは、「あっ、このときは、切り返しが早すぎた」とか「頭が突っ込みすぎ」とか、ミスショットの原因がわかるのだが、何度映像を見ても、ミスの原因がわからないこともある。

まあ、スライスの原因は百通りもあるといわれるように、ミスショットの原因はさまざまだし、なおかつたいてい複数の原因が入り交じっているから、それを正確に分析することは、私のレベルではむずかしいのだろう。やはりそのあたりは師匠にやってもらうしかないのだが、ひとつだけ自分でできることがある。

それは、ナイスショットしたときの感覚を、自分のなかに叩き込んでおくということだ。中部氏も「ナイスショットしたときの映像と、そのとき実際に自分が感じた感触。それもハッキリと感性でもってつかんでおく。それを持続させ、ショットのたびにその感触を出すことができれば、これはボールを打つという技術面において、という但し書き付きですが、相当上達することになると思う」と言っている。

コースでナイスショットしたときの感触、つまりボールがスイートスポットに当たり、手になんの衝撃も残らない、あのなんともいえない心地よい感触を覚えている人は多いはずだ。しかし、生憎《あいにく》、そのとき自分がどんなスイングをしたのかはわからない。「たしか余分な力は入っていなかった」とか「ウソみたいにスムーズに振り切れた」とか、きわめて曖昧《あいまい》な感覚や印象が残っているだけなのだ。

しかし、だから、そのナイスショットは再現性にとぼしいのだともいえる。

ナイスショットの再現性を高めるためには、それを可能にした「動き」を知っておく必要がある。そのためには、ナイスショットしたときの自分のスイングを「見て」、ポイントとなった「動き」を見つけるしかない。その「動き」が見つかれば、以後、その「動き」を意識的に再現しようとすることで、ナイスショットの再現性はかなり高まることは間違いない。もちろん、この一連の作業は、ふつう練習場でしかできない。

ともかく、ナイスショットの再現性を高めるための大前提は、ナイスショットを「見る」という行為にある。大脳生理学的にいうと、「見る」という行為は、イメージを司《つかさど》る右脳の働きによっている。一方、ゴルフ理論に基づいて、身体にああせい、こうせいと命令するのは、論理を司る左脳の働きによる。この左脳がでしゃばっているうちは、スイングなどスムーズにできるはずがない。

赤ちゃんは、誰に教わらなくとも、自然に歩くようになる。「はい、まず右足を出して、そのときは左手を前に出すのよ。次に、左足を出し、左手をひっこめて右手を出すの」などと教える親はいない。赤ちゃんは、親が歩いているのを「見る」ことで、自然に歩けるようになるのだ（遺伝子のなかに、歩き方のノウハウが埋め込まれているのかもしれないが、少なくとも誰かから「教えられたこと」ではないだろう）。

伊藤プロの教え子のなかには、彼のブログやホームページに公開されている模範スイングを何度も何度も「見る」ことでシングルになった人もいる。練習場でムダなボールを百発打つより、真似したいプロゴルファーのスイングなり、自分がナイスショットを放ったときのスイングなりをビデオやＤＶＤでくり返し見る。そのほうがずっと早く上達しそうである。

「言葉」が上達の邪魔をする

「考えるな、感じよ」とは、我が師匠がいつも私に口を酸っぱくして言うセリフである。べつの言い方をすれば、「右脳を使え、左脳を使うな」ということだろうか。

生来のものなのか、職業柄なのか、どうも私は、ブッキッシュなところがあり、何でも本、つまり理論から入ろうとする。一説によれば、私のようなタイプは、最初に理論的に納得してからのほうが身体が動きやすいともいわれるのだが、それはともかく——。

この「理論」というやつは「言葉」によって構築されている。つまり、私は、ゴルフのスイングを「言葉」によって理解しようとしてきたわけだが、ここには大きな落とし穴があるのだ。

たとえば、あなたは、スイングとは、クラブでボールを「打つ」ものだとは思っていないだろうか。ボールを「打つ」、そのどこがおかしいのかと思う人も大勢いそうだが、「打つ」という言葉がどんなイメージを持っているか、ちょっと考えてみていただきたい。

私の場合、「打つ」というと「鞭で打つ」「バットでボールを打つ」「金槌《かなづち》でクギを打つ」といったイメージが浮かんでくる。つまり、「激しく」ときに「痛み」さえ伴うイメージである。ゴルフでいえば、タイガー・ウッズがフルスイングして、ボールがペシャンコになって飛んでいくイメージ。つまり、「打つ」はやがて「ひっぱたく」に変化し、「ボールもさぞかし痛いだろうなぁ」なんて想像してしまうようなヒリヒリする感じも浮かんでくる。

さて、そういう「打つ」というイメージを持ったまま、実際にボールを前にしてスイングするとどうなるか。クラブを必死に握って、まるで親の仇《かたき》のようにボールに立ち向かっていくことになる。じつはこれ、数年前の私のことなのだが（いや、今もときどき顔を出す）、これではナイスショットなど望むべくもないことはおわかりだと思う。

あるいは、「打つ」という言葉から、「手で打つ」という方向に行ってしまう人もいるだろう。そういう人は、なかなか「手打ち」が直らない。いわゆる「当てにいくスイング」になったりする。いずれにせよ「打つ」という言葉を意識しすぎると、ろくなスイングにはならない。

「ゴルフには、打つという動作はない」といった名手がいるが、けだし名言だと思う。

では、「打つ」の代わりに、伊藤プロがよくいう「運ぶ」という言葉に置き換えてみるとどうだろう。

私の場合は、ボールをクルマに乗せて、グリーンまで運んでやるというイメージになる。もちろんボールをクルマに乗せることはできないから、クラブフェイスに乗せて、やさしくグリーンまでお送りする——そんな感じ。少なくとも「ひっぱたく」とは正反対の静かなイメージだ。

で、そういうイメージで実際にスイングすると、まず強振しない。結果、ナイスショットが出る。

サム・スニードもこう言っている。

「どのショットもターゲットに運ぶこと。スコアのためでなく、ボールを運ぶ場所のためにプレイする」。ゴルフとは、ボールをかっ飛ばすゲームではなく、パーの取りやすい場所にボールを「運ぶ」ゲームなのだと思えば、これまで力みかえってスイングしていたゴルファーも少しは肩の力が抜けるのではないか。

よく「ボールを〝打つ〟のではなく、スイングの途中にたまたまボールがあると思え」とか「〝打つ〟のではなく、〝振り抜け〟」などといわれるが、これも「打つ」という言葉による弊害をなくすための言い換えといえる。

我が師匠も、正しいスイングのイメージを言葉で伝えることのむずかしさを常々口にしている。ゴルファーによって、たとえば「腰で打つイメージ」といったほうがいい場合もあれば、「両腕は振るのではなく、振られるイメージで」といったほうがいい場合もあるからだ。「その生徒にはどんな言い方をすればいちばんピンとくるのか。それを見抜くのも、われわれの大切な仕事ですね」。

クラシック音楽の世界で一時期カリスマ的な人気を誇ったカルロス・クライバーという指揮者がいた。そんな彼のリハーサル風景をテレビで見たことがあるのだが、そのとき私は、彼のボキャブラリーの豊富さ、言葉の表現力に脱帽してしまった。彼は音楽という、きわめて言葉にしづらいものをオーケストラのメンバーに伝えるべく、あらゆる比喩や詩的言辞を駆使していた。その的確で、ときにユーモラスな言葉の選び方に、私は舌を巻いた。クライバーが文学の道に進んでいれば、間違いなく一流の詩人になれると思ったほどだ。

それはともかく、ピンとくる言葉をもらって、そのイメージ通りにスイングしたところ、ナイスショットが出た！　というときは、その言葉をくれた人に大いに感謝すべきことはいうまでもない。彼は、あなたの潜在能力を引き出してくれたクライバー並みのマエストロなのだから。

クラブは「握る」ものではない

「言葉」の功罪について、もう少し考えてみる。今度は、グリップに関する「言葉」についてだ。

ゴルフのスイングにおいて、グリップの重要性はあらためていうまでもないだろう。グリップは、クラブとゴルファーをつなぐ唯一の接点である。そこでの接合の仕方が間違っていれば、ボールに正しくパワーを伝えることも、思った方向にボールを運ぶこともできなくなる。「いいグリップは、ゴルファーにとって一生の財産」といわれる所以《ゆえん》である。

グリップの方法については、オーバーラッピンググやインターロッキンググリップ、さらにウイークグリップ、スクエアグリップ、ストロンググリップなどがある。どのグリップがベストなのかは一概にはいえない。しかし、どんなグリップであれ、大切になるのは握るときの力加減だ。

強く握りすぎれば、先に紹介したバケツ回し同様、クラブをスムーズに振ることはできない。かといって、握り方が弱すぎると、インパクトでフェイスの向きが変わってしまう。では、ほどほどの力加減とはどのくらいなのか？

我が師匠は、「力一杯握ったときの力を10、なんの力も入れずクラブを持ったときの力を0とした場合、1か2」だという。「左手の小指と小指のつけ根でひっかけるように支えているだけです。それでも、指の間隔を空けず、グリップと両手の間に空気が入らないようにすれば、グリップはけっして緩まない」という。

それでも、ついついグリップを強く握ってしまう人が多いのは、飛ばし＝パワーという誤解から、両手にも力を入れてしまうからだろう。そして、もうひとつ、じつは「握る」という言葉のせいもあるのではないかと私はにらんでいる。

「握る」といえば、どうしたって「ギュッ」という感じになる。つまり、何の気なしに使っている「グリップを握る」という言葉が、私たちをして無意識のうちにグリップを強く握らせてしまっている可能性があるのだ。

そこで、たとえば「握る」ではなく、グリップの部分を両手で「包み込む」と言い換えてみてはどうだろう。すると、それだけで、握力が10キロくらいはダウンするのではないかと思う。

グリップの力加減については、古今東西のプロゴルファーがさまざまな言い方をしている。「両手で小鳥の雛を持ち上げる程度の強さ」とか、「クラブヘッドの重みが感じられる強さ」「金槌でクギを打つときの強さ」などは耳にしたり、ゴルフ雑誌などで読んだ人もいるのではないか。このほか、ユニークなところでは、

・子どもの手をとって歩くときの強さ　（中嶋常幸『40歳にしてわかる「理にかなう」ゴルフ』講談社）

・キャディーが、クラブをあなたに渡すときの握りの強さ　（サム・スニード）

・握るのではなく〝持つ〟　（江連忠『あるがままに、思うがままに』日本経済新聞社）

などがある。江連プロの場合は、〝持つ〟という意識でグリップが握れるようになったら、さらに一歩進んで、「手のひらからクラブが生えてくる」という意識が持てるようになればなおいいという。

いずれにせよ、ほとんどのプロゴルファーがグリップを強く握ってはいけないといっており、これはゴルフにおける不変の真理のひとつと言っていい。

ただし、例外はあって、ボールが密集したラフやフェアウエイ・バンカーにあるときは、インパクトでヘッドが返ってしまわないよう、インパクトの瞬間だけ、ギュッと握っていたほうがいいと伊藤プロはアドバイスしている。

第二章　〝狙う〟ための〝構え〟をつくる

スイングの前にスイングは始まっている

二〇〇六年の日本女子プロゴルフ選手権。優勝したのは、アメリカから帰国したばかりの宮里藍プロだった。そのときの藍ちゃんをテレビ中継で見ていて、私はほとほと感心させられたことがある。それは、ラウンド中のプレイではなく、スタート前の練習場でのシーンだった。彼女は、アイアンからドライバーまですべてのショットについて、一球一球、ボールの後ろに立って狙いを定め、素振りをしてからアドレスに入るということをくり返していた。その徹底ぶりに感心したのである。

ショット前のこうした一連の動きを、「プレショット・ルーティン」というのはご存じのとおりだ。実際のラウンドでは、かならず自分なりのプレショット・ルーティンを行ってからスイングすべしとは、ほとんどのレッスン書に書いてある。

私にも、自分流のプレショット・ルーティン（以下、ルーティンと略）がある。これは伊藤プロから教わったやり方が土台になっている。

1　ボールの真後ろに立って、ピンポイントでターゲットを決める。
2　そこからボール後方までのラインを利き目（私の場合は右目）で描く。
3　ボールの左後方に移動し、球筋とそれを実現させるスイング軌道（とくにクラブの〝抜き所〟）をイメージしながら、軽く1回素振りをする。
4　先ほど決めたラインの残像を意識して、アドレスに入る。
5　両肩のラインが飛球線のラインと平行になるようにセットし、腋の奥を締め（肘《ひじ》を下に向ける）、クラブフェイスをターゲットにセットする。
6　ボールが正しい位置にくるように両足を開き、ターゲットを見ながら、スタンスの向きを決める（打ちたい球によって、ボールの位置やグリップエンドの位置は変わる）。
7　上体を股関節から前傾させ、両膝を軽く曲げる。その体勢でターゲット方向を見ながら、イメージ通りにスイングできることを確認する。
8　両足を交互に足踏みしながら、軽くワッグルをする。
9　もう一度ターゲットを見、ボールに目を戻したら、ただちにテイクバックを開始する。

というものである。

文章にするとえらく長いけれど、実際は二十秒ほどだろうか。これ以上時間をかけるとイメージが消えてしまう。伊藤プロによれば、この時間は短ければ短いほどいいという。

とにかく悪くはないルーティンだと思うのだが、実際のラウンドではなかなかこれが守れない。ティーショットは、毎回、新たな気分で臨めるからまだいい。

ところが、ボールが曲がって、第二打が斜面から、なんて場面では、ルーティンのことなどすっかり忘れてしまっている。「さっさと打たなきゃ」という焦り。「どうやって打とうか」という迷い。そういうマイナス要素で頭がいっぱいになり、必要以上に素振りをくり返したりするだけで、ターゲットもラインもイメージしないまま、打ってしまう。結果は推して知るべし。

じつは、ルーティンを怠ってしまうのは、私のようなヘボだけではない。プロもときにやってしまうのだ。

これも伊藤プロの話なのだが、彼はあるラウンドの前半最後のホールで、なんでもないショートパットを外してボギー。後半の3ホールもたて続けにボギーとしてしまった。「入って当たり前のパット」を外してしまったことのダメージが、昼休みをはさんでもなお尾を引いていたのだ。

4連続ボギーのきっかけとなったショートパットのミスは、ルーティンを怠ったことがミスの原因だったと伊藤プロはいう。「イージーミスの大半は、しっかりとしたルーティンを怠ったときに発生するんです」。

そう言われて私が思い出したのは、日本の男子ゴルフの実力者・片山晋呉選手だった。彼は、私の知る限り、いかなる場面でも自分のルーティンを100パーセント守っている。あるトーナメントのテレビ中継でゲスト解説をしていた横田真一プロが、片山プロを評して「どんな場面でも、ふだんのスイングができる。それが彼の強さ」と言っていたことがあるけれど、その理由のひとつに、かならず自分のルーティンを守るということがあげられるのではないか。

さて、宮里藍プロである。彼女は、他の選手がルーティンを省略してひたすらボールを打っているなかで、一球一球、本番と同じルーティンを守りながらショットの練習をしていた。そして、私は思った。これこそ、私たちアマが真似すべき練習のやり方なのではないか、と。

なぜなら、私たちのようなヘボゴルファーは、ルーティンを実行する以前に、ルーティン自体が確立していないことが多いからだ。確立していないルーティンなど、ルーティンの名に値しないし、本番で実行できるはずもない。「あれ、素振りは2回だったっけ?」「何かし忘れたことあったような……」そんな気持ちでルーティンをやっては、ミスショットが出るのも当たり前。最初からルーティンなどしないほうがましである。

自分流のルーティンを確立させる意味でも、練習では一球一球、ルーティンを守ってショットする。それが自然にできるようになって初めて、本番でのルーティンがルーティン足りえるのだ。

プレショット・ルーティンの前にも必要な〝儀式〟とは

ここで、プレショット・ルーティンの効果について整理しておこう。

1　日頃やりなれた一連の行動をとることで、プレッシャーを緩和し、これから打つべきショットへの集中力を高めることができる。
2　ルーティンの〝儀式〟に一定の時間をかけることで、あわてて打つことを防止できる。
3　ショットで注意すべきことが確認できる。
4　いつもと同じリズム、テンポでショットができる。

などがあげられる。

ただし、こうした効果を得るためには、プレショット・ルーティンが、強迫的になっても、自動的になりすぎてもいけない。

「強迫的になる」とは、無理やりやらされるという意味で、「おっとルーティンを忘れていたよ。最初はターゲットの確認だったな。それから、えーと何だったっけ……」のように、まだルーティンが完全に自分のものになっていない人が、自分で自分に言い聞かせるようにしてルーティンを行う場合をいう。しかし、これでは「ルーティンを実行する」ことばかりに気持ちがいってしまい、ショットへの集中力が高まらない。

「自動的になりすぎる」とは、ルーティンがただの〝無自覚な動作〟、つまり〝クセ〟と同じレベルの動作になってしまっている場合をいう。一連のルーティンの動作には、ターゲットを決める、球筋やスイングをイメージする、集中力を高めるなどの目的があるわけだが、ルーティンをあまりにも自動的にやりすぎると、そうした目的があることを忘れてしまう。

さらに、ルーティンがスイングの一部になってしまうことで、ショットの前の〝間〟がなくなり、リズムが早くなってしまうということもあるだろう。

ルーティンは自然にできてこそルーティンではあるのだが、そのひとつひとつの動作には目的があり、それを無意識ではあっても、感じることが大切なのだ。

そこで、プレショット・ルーティンに入る前に、ひとつの〝きっかけ〟を用意し、「さあ、これから自分はルーティンに入るのだ」ということを自分に言い聞かせるようにしているプロゴルファーもいる。

たとえば、あるプロは、ショットのたびにグローブを脱ぎ、ボールのところまで行ってライや風向き、ルートなどを確認する。そして、次にグローブをはめることを〝きっかけ〟にしてルーティンに入っていく。グローブをはめることで、「よし」と気合を入れるわけだ。

一九五〇年代から六〇年代にかけて活躍したアメリカのビリー・キャスパーは、キャディバッグからクラブを引き抜くことが、ルーティンを開始する〝きっかけ〟だった。そのため、ルーティンの途中で何か邪魔が入ったときは、いったんクラブをキャディバッグに戻し、もう一度引き抜くところから始めたという。

そのほか、ルーティンに入る前に右手でシャツの左肩の部分をつまみ上げる（丸山茂樹）、無風でも芝をちぎって飛ばす（ポール・エイジンガー）、深呼吸する（ジャック・ニクラス）、グリップをタオルで拭く（ペイン・スチュワート）など、プロはさまざまな動作を〝きっかけ〟にしてルーティンに入っている。

当人は、ただのクセだとしか思っていない場合もあるだろうが、仮にそうだとしても、そのクセをやらないことには彼らはスムーズにルーティンに入れないはず。つまり、彼らのクセは、ナイスショットをするためのなくてはならない儀式なのだ。その意味からすれば、こうしたクセはすでにしてルーティンの一部になっているともいえる。

というわけで、あなたも自分なりにルーティンに入る〝きっかけ〟をつくってみてはいかがだろう。

この稿を書くにあたって、私は自分にはどんな〝きっかけ〟あるいは〝クセ〟があるのか考えてみたら、「空咳《からせき》をする」というのがそれであることに思い当たった。なんだかタバコの吸いすぎみたいであまりカッコよくないが、「空咳をする」と、よしという気になるのである。

そこで、練習場でも「空咳」をしてからルーティンに入るということをやってみた。するとコースにいるような緊張感がでてきたのだから、人間はけっこうその気になりやすい動物なのだろう。

「練習場はコースと思え、コースは練習場とは思え」とは昔からよくいわれるアドバイスだ。しかし、なかなかその気になれないのも事実。そんなときは、ラウンド中の自分のクセを思い出し、それを忠実に再現してみるのもひとつの方法である。

「真っ直ぐ」では狙ったことにならない！

「ゴルフはターゲットにボールを運ぶゲームなのに、ターゲットを狙っていないゴルファーがあまりにも多すぎる」と我が師匠はよく言う。

たとえば練習場で黙々とボールを打っている生徒に「どこを狙ってるの？」と師匠がたずねる。すると返ってくる答えは、たいてい「真っ直ぐ」。そこで師匠が「真っ直ぐってどこ？」

ときくと、あらためて前方を確認して「右から二本目と三本目の柱の中間あたり」なんて答えが返ってくる。「しかし、〝真っ直ぐ〟とか〝あたり〟じゃ、狙ってることにならないんです」と師匠。「狙いはもっとピンポイントに絞るべき。二本目の柱なら、その数十センチ幅の柱に当てるくらいのつもりがないと、イメージなんて出てこない」というのだ。

では、なぜ、多くのアマチュアゴルファーはきちんと狙いを定めないまま（イメージのないまま）黙々とボールを打ち続けるのかといえば、師匠いわく「スイングの型ばかり気にしているから」ということになる。そして、「狙わずに、スイングの型ばかり気にしているのが、アベレージゴルファーが上手くならない最大の理由」とまで言い切る。

「たとえば、3メートル先にあるゴミ箱にゴミを投げ入れようとするとき、誰も投げ方なんて気にしないでしょ。ゴミ箱に入れられるかどうかは、投げ方以前に、イメージと集中力があるかどうか。ゴルフもそれと同じなんです」

1　ターゲットをピンポイントで決める。
2　ラインが決まる。
3　球筋のイメージができる。
4　そのイメージを実現するためのクラブヘッドの動きが見えてくる。

5 クラブヘッドの動きのイメージが消えないうちにスイングする。

もちろん、4の「球筋のイメージを実現するためのクラブヘッドの動き」にはミスや誤解がつきものだ。そこには、型、つまり技術的なチェックポイントが無数にあり、だから師匠は初めてそこで技術的なアドバイスをする。

しかし、師匠にいわせれば「1から3までのプロセスでちゃんと集中している人は、あとで型についてアドバイスすると、すぐに理解する」という。逆にいえば「1から3がおざなりな人に、どれだけ技術的なことを言ってもムダ」というわけである。

もっとも、なかには1~3（または4）までちゃんとできていても、いざスイングという段階になると、すっかりイメージが消えてしまうという人もいる。じつは私もかつてはそんな一人だった。

その理由は、プレショット・ルーティン時における素振りの仕方にあった。師匠が指摘したのは、素振りのときと本番のときとで、頭のてっぺんから首のつけ根にかけての角度と位置が違うということ。それが、いざショットという段になったとき、素振りのときのイメージが出てこない原因だというのだ。

「スイング中の頭の位置、とくに頭のてっぺんから首のつけ根にかけてはスイングの支点になるため、とても重要。ここの角度や位置が素振りのときと本番で変わってしまうと、もうイメージは出ないのです」

それまでの私は素振りをするときは、上体をあまり前傾させず、ラクにゆっくり振っていた。そのほうが、リラックスできそうだし、なんとなくプロっぽくて、カッコいいとも思っていたのである。まあ、ラクにゆっくり振るのはいいのだが、上体をあまり前傾させないということは、頭のてっぺんから首のつけ根にかけての角度が地面に対して90度近くになっているということだ。

ところが、実際のスイングでは上体を前傾させるため、頭のてっぺんから首のつけ根にかけての角度が地面に対して60度くらいになっている。つまり、90度でつくったイメージを60度で再現しようとしているわけで、それではイメージが消えて当然というわけである。

そこで、ルーティン時の素振りを、できるだけ本番と同じような構えをしてから行うようにしたところ、イメージをキープしたままスイングができるようになった。もちろん技術的な問題は山積しており、それは鋭意修正中ですが……。

さて、この項の最後に、とっておきの練習法を紹介しておこう。

ブログレッスン集06年2月19日の「考えないで下さい、感じて下さい・その1」である。

ここで師匠は、ターゲットを見ながら、1回目は左腰まで、2回目はフィニッシュまでの素振りをしている。このときの頭のてっぺんから首のつけ根の角度と位置が、素振りと本番では寸分と違わないことを確認していただきたい。

師匠はこう書いている。

「この時私は、こうフィニッシュしていればボールはマット通りのターゲットのあそこへ飛んで行くはずだ。本番もこうフィニッシュしたいなあ～って感じで行っています。決して考えてません。感じています」

読者も、この映像を見て、ぜひとも「考えないで下さい、感じて下さい」。

「ボールをよく見ろ」という嘘

ゴルフ雑誌には、プロゴルファーのスイングの連続写真がしばしば掲載される。そのなかで、アニカ・ソレンスタムとデイビッド・デュバルを除いたほとんど全員に共通することがあるといえば、それだけでその共通点がわかってしまう人もいるはずだ。そう、それは、テイクバックの始動からインパクトの瞬間までボールを見続けているということである。

99パーセントのプロがそうしているのだから、「やっぱりボールはちゃんと見てなきゃだめなんだ」とたいていの人は思う。たしかにその通りである。バランス感覚を養うために目をつむってスイングするという練習法があるけれど、実際のラウンドで目をつむってスイングできる度胸のあるゴルファーはまずいないだろうし、そんなことをする必要もない。テイクバックの始動からインパクトまでは、やはりボールをちゃんと見ていなければ、空振りだってしかねない。

かくして「ボールをよく見ろ」というアドバイスは、絶対的な真理としてゴルファーの前に長く君臨してきた。しかし、このアドバイスには大きな落とし穴があるのだ。

「ボールをよく見ろ」とアドバイスされたゴルファー、とくにビギナーからアベレージゴルファーのなかには、セットアップの段階から「ボールをよく見よう」とする人がひじょうに多い。まず、これがいけない。なぜなら、この段階でボールをよく見ようとすると、身体が固まってしまったり、「これからこのボールを打つのだ！」という意識が過剰になって、力んだりしやすいからだ。アドレスでボールを見すぎることの弊害はまだある。たとえば中嶋常幸プロはこう言っている。

ラウンドするときはボール自体は漠然と見ていればいい。（略）ボールをあまり凝視してしまうと、ボールから目を離すのが恐くなって、スイング中、インパクトが終わっているのに、まだ頭をボールのところに残したりします。これでは体の回転にブレーキをかけてしまいます。

（前掲書）

いや、実際に最後まで頭をボールのところに残そうとすれば、身体の回転にブレーキがかかるどころか、肋骨《ろっこつ》かどこかを骨折したとしても不思議ではない。

スイングの鉄則に「ビハインド・ザ・ボール」というのがある。トップからインパクトにかけて、頭は常にボールの後ろにあるという意味だ。「ルックアップ打法（インパクト直後に、すぐ頭を上げる打法。一見するとヘッドアップに見える）」といわれるアニカ・ソレンスタムも然《しか》り。プロゴルファーは例外なくビハインド・ザ・ボールでインパクトしているのだが、彼らが「スイング中ボールをよく見て」いるように見えるのは、じつはこのビハインド・ザ・ボールのせいなのだ。

インパクトまで頭がボールの前に行かないようにして、下を向いていれば、端《はた》から見ればそのゴルファーはずっとボールを見ているように見える。まあ実際、彼らはボールを見ているのだろうが、それはあくまで結果としてそうなっているだけの話であり、彼らはずーっとボールを睨《にら》みつけているわけではない。

一連の動作のほんとうの目的はインパクトまでは頭がボールの先に行かないようにすることにある。だから、インパクト後は、頭はすぐに起き上がり、フィニッシュでは上体が起き上がると同時に、顔はターゲットを向いている。

さらに、「見ることを意識しすぎると、ボールを上から睨みつけるような状態になって、頭が下がりすぎちゃうきらいがある」というのは、中部銀次郎氏だ（前掲書）。

頭が下がりすぎると、頭のてっぺんから尾てい骨までまっすぐに通っているべきスイングの軸が首のところで曲がってしまうため、身体がスムーズに回転しなくなるというわけである。

また、アドレスでボールを見る時間が長くなると、当然ながら、「ターゲットを狙う」という意識もルーティンで得たイメージも徐々に希薄になり、最後は「このボールにクラブヘッドを当てる」ということしか考えなくなる。

アマチュアゴルファーの大半は、アドレスにかける時間の80パーセントをボールを見つめることに費やし、残り20パーセントでターゲットを見るという。しかし、プロはまったく逆。彼らは、セットアップでボールが正しい位置にあることを確認したら、あとはターゲットを眼光するどくねめつける。プロゴルファーがアドレスでボールを何回か見るのは、ターゲットとボールを結ぶラインと球筋のイメージを確認するためで、ボールに狙いを定めようとしているからではない。狙いはあくまでターゲットなのだ。

結局、話は、伊藤プロが口を酸っぱくしていう「狙う意識の重要性」というところに戻ってくる。

セットアップが完璧で、ボールが正しい位置にあれば、ちゃんとクラブヘッドはボールに当たるのだ。だから、ボールを睨みつける必要はない。狙うのはボールではなく、あなたが設定したターゲットであることをお忘れなく！

ショットの成否の9割は、セットアップで決まる

つい数行前に、「セットアップが完璧で、ボールが正しい位置にあれば、ちゃんとクラブヘッドはボールに当たる」と書いた。

サラリと書いたから、すっと読み流してしまった読者がいるかもしれないが、じつはこれ、とても重要なことなのである。なぜなら、伊藤プロいわく、

「ナイスショットが生まれるかどうかは、9割がたセットアップで決まる」

からである。

ジャック・ニクラスも『ゴルフ マイ ウェイ』（岩田禎夫訳・講談社）のなかで、ナイスショットの生み出す決定要因の5割はショットのイメージ、4割がセットアップ、1割がスイングといっている。伊藤プロの「セットアップ9割説」には、当然、イメージも含まれている。なぜなら、イメージがなければセットアップも決まらないからだ。

つまり、伊藤プロとニクラスが指摘するセットアップの重要度は、期せずして一致していることになる。したがって、「9割」という数字は比喩でもなく誇張でもない、真理といってよ

いかと思う。

伊藤プロが、「ゴルファーのセットアップを見れば、ナイスショットが出るかどうかはほぼ100パーセントわかる」と言うのは、けっして誇張ではないのだ。

ここでセットアップの内容を整理しておこう。

1 スタンスの向きと幅
2 ボールとスタンスおよび上半身(胸)の位置関係
3 クラブフェイスの向き(グリップエンドの高さによってフェイスの向きが変わってくる)
4 身体の構え(目線、首や上体の前傾角度、ヒザの角度、肩と両腕の三角形の作り方、グリップの位置、身体の重心位置など)

この四つの要素が、自分がイメージした球筋を実現させるためにベストな状態にあるとき、初めてナイスショットは約束されるというわけだ。

が、こう書き出してみると、「正しいセットアップ」とは、じつに要素が多く、「言うは易《やす》く、行うは難《かた》し」ということがおわかりのはずである。私など、このうちひとつでも自信があるものがあるか、と問われれば、すべて???ということになる。伊藤プロいわく「セットアップだけで一冊の本が書ける」というほど、セットアップとは奥が深いのである。

まず1の「スタンスの向き」だが、これは大半のアマチュアゴルファーがそうであるように、私も自分が打ちたいラインより、右を向いてしまうことが多い。理由は、ラインをボールとターゲットを結んだ線ではなく、自分の目とターゲットを結んだ線だと錯覚しやすいからだ。自分の目がボールならこれでいいけれど、実際に飛んでいくのはボール。だから、スタンスの向き（両肩を結んだ線）は、ラインと平行、つまり実際のターゲットより左を向いていなければならない。

もうひとつ、スタンスの向きを決めるときに重要なのが、ターゲットとボールを結ぶラインを決めるときは「利き目」で見るということ。これは、すべてのショット、パットに共通する鉄則だと伊藤プロはいう。

自分の利き目を調べる方法は、いたって簡単である。

まず左右どちらかの人差し指を一本立て、両目で遠くの目標物に重ね合わせる。そのままの状態で片目ずつつぶったとき、人差し指と目標物のズレが少ないほうが利き目である。右利きの人は利き目も右というケースが多く、伊藤プロも私も利き目は右だ。

ラインを読むときは、やはり利き目を使わないと、目標に対して正しく構えられない。以下、利き目が右という場合の、伊藤流スタンスの決め方を紹介しておこう。

1　ボールの後ろに立ったら、左目をつむって、右目でライン（ボールとターゲットを結んだ線）を確認する。

2　そのラインを右目で見ながら、ボールの左側にまわりこむ。このとき首を右に少し傾《かし》げながらアドレスに入ると、ラインが見やすい。

3　最初に上半身をつくる。右目でラインを見ると、どうしても上半身が開きやすくなるから、右肩を引きながらその位置を決め、次に左肩をつくる。

4　両肩のラインが決まったら、それがズレないように打ちやすい足と脚をつくる。

伊藤プロによれば、ほとんどのアマチュアは、最初にスタンスの向きを決めてから、それに合わせるように両肩のラインを決めるという。しかし、これでは順番が逆。ボールの飛んでいく方向は、両肩のラインで決まるのだから、こちらを先に決めなければならないというわけだ。

こうしたアドレスの入り方は、練習場で何度もくり返し、自然にできるようにしておかなければ意味がない。やってみるとおわかりのはずだが、首を右に傾けながらラインを確認しつつアドレスに入ると、それだけでかなりプロっぽく見えます！

ポスチャーにおける二大重要事項

前項の続き。セットアップについては、ほんとうに書くべきことが多いのだ。

2の「ボールとスタンスの位置関係」となると、私はさらに自信がない。ベン・ホーガンやジャック・ニクラスは「つねにボールは左足踵《かかと》の延長線上に合わせる」といっているが、その一方で、「ドライバーはそれでいい。しかし、クラブが短くなるほどボールは右に置く」というプロゴルファーもいる。

私が伊藤プロからアドバイスされたのは、「ボールをもっと遠くに置いて」ということだった。伊藤プロによれば、アマチュアは概してボールに近く立ってしまう傾向が強いという。これは、近いほうがボールに当てやすいと思ってしまうからで、結果として窮屈なスイングになっているケースが多いという。私の場合もこれで、グリーンまで残り100ヤード、ウェッジでていねいに……なんて思っているとき、ボールの近くに立ちすぎて、シャンクやダフリなんてミスをしばしばやらかしていた。

「打ちたい距離に応じた構え、つまりしっかりインパクトしてもオーバーしない構え（テイクバックしても、それ以上クラブが上がらない構え）というものがあり、その構えによってボールの位置が決まってくるのです」

と伊藤プロ。さらに、ドライバーの場合は、シャフトの長さやヘッドの大きさ、打ちたい球筋によってもボールの位置は少しずつ変わってくるし、ティーアップの高さによる違いもあるから、どれが正しいボールの位置とは一概にいえない。ミドルアイアン以下のクラブでも、ライや打ちたい球筋によってボールの位置は変化する。

結局、試行錯誤しながら、その都度《つど》その都度、自分にとってのベストポジションを見つけるか、信頼できるプロに見てもらうしかないと思う。

さらに、人によっては、ボールの位置がラウンド中に少しずつズレることもある。じつは、かのボビー・ジョーンズもそのひとり。彼はラウンド中、無意識のうちに少しずつボールを右側に寄せるクセがあり、しばしばコーチから注意されたという。ボールが右側にあったほうがつかまりやすい感じがするからだろうか。しかし、これでは極端なフックか右プッシュアウトという危険性が高い。

いずれにせよ、ボールの位置というのは、球聖をもってしてもなかなか一定しなかったということである。「止まっているボールを狙った方向に打つ」ということは、かくもむずかしいのである。

3の「フェイスの向き」だが、これも勘違いしている人がじつに多いと伊藤プロはいう。自分ではスクエアのつもりでも、フェイスが開いていたり、閉じていたりするのだ。

スクエアかどうかを調べるには、『フェイスアングルチェッカー』といういい道具が市販されている。ゴルフボールを半分に割った大きさの半円球の道具で、真ん中からアンテナが伸びている。これをクラブフェイスの表面にくっつけて（底面が磁石になっている）、アンテナを伸ばすと、それがボールが飛んでいく方向というわけ。

私も伊藤プロに薦められてさっそく購入して調べてみたところ、フェイスがかなり開いていることがわかった。これではスライスか、スライスするのを嫌ってフェイスを返しすぎ、ヒッカケが出やすくなる。現実はまさにその通りだった。

4の「身体の構え」、いわゆるポスチャーだが、これはあまりにも要素がありすぎて、ここではひとつひとつ解説しきれない。

ただ、伊藤プロによれば、構えの基本というのはある。それは「頭のてっぺんと首のつけ根を結んだ線（これはスイングの支点になる）と股関節と両膝の高さ・角度がスイング中、安定しているような構え」だ。これは爪先上がりだろうと、左足下がりだろうと、どんなライでも同じ。言い方を変えれば、変則的なライでは、そういう構えが見つかりさえすれば、ナイスショットの確率はぐんと高くなるというのだ。

「結局、自分のイメージするスイング、つまり、クラブヘッドをどこから入れてどこへ抜くかという、ボールの前後60センチくらいのクラブヘッドの軌道をイメージしたうえで、それが実現できそうな構えを見つけられるかどうかということ。レッスン書を読んでその通りの構えを作ろうとしても、体格やスイング軌道に個人差があるから、まずうまくいかない。ライごとにいろいろ試してみて、その都度、自分の身体の動きを感じ取っていく。正しい構えは、そういうなかから見つけるしかないんです」

スイングのチェックというと、クラブをどう上げ、どう振り下ろすか、つまりスイングプレーンに沿って云々ということがよくいわれる。しかし、そもそもの話、ボールの位置や構え方がまちがっていれば、スイングプレーンを云々してもまったく意味がないことがおわかりだろう。

アドレスは「静」ではなく「動」

「練習場に来ている人を見ていると、正しいセットアップをしている人は、十人に一人もいませんね。それでも一生懸命練習すれば、それなりにボールに当たるようになりますが、あるレベルから上には行けない。つまり、下手を固めてしまう結果に終わるのです」

ウッ……私のことである。下手を固めるために、これまでいったいどれだけの時間とお金を投資してきたのかと思うと、暗澹《あんたん》たる気分になる。

しかし、ゴルフが上達するためにはこうした遠回りはつきものとあきらめよう。そして、師匠の教えのもと、一からやり直そうとしている今の私なのだった。

さて、ようやくセットアップが完了したとしよう。

あとはテイクバックを始めればいいのだが、これが意外にむずかしい。なぜなら、ゴルフでは、ボールが止まっているからである。

ゴルフをしたことがない人にこの話をすると、みな？？？という顔をする。

「野球なら、投手がどんなコースにどんな球種を投げてくるかわからないから、打つのがむずかしいのはよくわかるよ。でも、ゴルフって、ボールは地面に止まってるじゃないか。なぜ、止まってるボールを打つのがそんなにむずかしいんだ？」

というわけである。しかし、もし、あなたのまわりにこういうことを言う人がいたら、次の言葉を返してやればよい。発言の主は〝野球の神様〟といわれた元巨人軍の監督、川上哲治氏である。

野球の球は動いて近づいて来る。球の中に、弾き返されようとする生命をすでに含んでいる。タイミングよく、ちょっとバットを出すだけで飛んでいってくれる。一方、ゴルフのボールは止まっている。止まっているボールに、自ら飛んでいこうとするいのちを吹き込んでやらなければならない。そこが簡単ではない。

（『文藝春秋』２０００年10月臨時増刊号「ゴルフ　その大いなる魔力」）

川上哲治氏は、いまもゴルフ雑誌に連載を持つほどのゴルフ好きとして知られる。一時はハンデ7にもなったほどの腕前だが、そんな彼がこういうのだ。

野球やテニスでボールをうまく打ち返すのは反射神経のなせる業であり、なるほどそれには先天的なセンスが必要だろう。その点、止まっているボールを打つゴルフには、そういうセンスは不要に思えてしまう。しかし、ボールが止まっているだけに、どのようにも打てるのがゴルフの難しいところなのだ。スイングしようと構えたはいいが、さまざまな注意事項や欲望、不安、妄想などが次々に頭に浮かんできて、スムーズにテイクバックが開始できなくなってしまうことがあるのは、ゴルファーなら誰しも経験済みだと思う。

そんなことにならないためには、構えが決まったら、できるだけ早くテイクバックを開始することである。かつて、スペインのセルヒオ・ガルシアは、構えてからテイクバックを開始するまで、二十数回もグリップを握りなおしていた。ナイスショットのイメージがわくまでにそれだけの時間が必要だったのか、それともそうしないことにはグリップがしっくりこなかったからなのか、それはわからない。

しかし、そんな彼も、一昨年あたりからは構えたら、さっと打つようになってきた。おそらく、アドレスに時間をかければかけるほど、余計なプレッシャーが襲ってくることに気づいたのだろう（あるいは、ツアー仲間から「おまえは遅すぎて、こっちがイライラしてくる！」とか、競技委員から「スロープレイの可能性あり」とか言われた？）。総じて、現在のプロゴルファーは、構えてからテイクバックを開始するまでの時間が短くなっているといわれるが、さもありなん。

もうひとつ、テイクバックはよく「〝静〟から〝動〟への移行」といわれるけれど、テイクバックをスムーズに始めるためには、この言葉はすぐに頭から追い出してしまうことだ。アドレスを〝静〟だと考えると、どうしても身体が固まってしまう。一度、固まってしまった身体を動かすのは意外に大変であり、最初の動きはどうしてもギクシャクしてしまう。

ゴルフでは、テイクバックでクラブをうまくスイングプレーンに乗せてやりさえすれば、ナイスショットの確率がグンと高まるけれど、ギクシャクしながらのテイクバックでは、最初からクラブがスイングプレーンから外れてしまうのだ。

これからは、テイクバックは「〝静〟から〝動〟への移行」ではなく「〝動〟から〝動〟への移行」と考えましょう。

だから、ガルシアは回数が多すぎたとはいえ、グリップを握るという動作をくり返したのだ。かつてテレビで見た野球の長嶋茂雄氏は、アドレスで落ちつきがないほど両脚を小刻みに動かしていたけれど、あれはあれで〝動的なアドレス〟であり、理にかなっていたといえる。

まあ、ふつうはワッグルを1～2回くり返すとか、片山晋呉選手のように体重を左右の足に交互にかけるなどの動きをする。とにかく身体の一部がつねに動いているということが、ここでのポイントである。

そして、グリップを左に倒す（フォワード・プレス）、ジャック・ニクラスのように頭を少し右に回す（チン・バック）などの動作をきっかけにして、テイクバックを開始する。この〝きっかけ〟にはいろいろなやり方があり、伊藤プロは、右膝をいったん左に送り込んでからテイクバックを始めるという。

あなたも、スムーズにテイクバックが始められるよう、いろいろ工夫してみていただきたい。

テイクバックの開始は、ウエイト・シフトから

テイクバックをスムーズに始めるには、①アドレスで身体のどこかが動いていること、②アドレスに時間をかけないこと、③自分なりの〝きっかけ〟をつくることが大切だという話をした。

しかし、それでも依然としてスムーズにテイクバックを始められない人がいるはずである。なぜなら、ひとくちに「テイクバックを始める」とはいうけれど、具体的にどこをどう動かすことが「テイクバックを始める」ことなのか、よくわからないという人もいるからである。

じつは、かくいう私も〝テイクバックに迷えるゴルファー〞の一人だった。ゴルフ仲間に聞いてみると、「クラブヘッドを右に動かす」のが最初の動作という人もいれば、「左肩を回す」のが最初という人もいる。なかには「何も考えてない」という人もいて、答えはバラバラなのである。

で、ある日、伊藤プロに聞いてみた。伊藤プロの答えは、「右へのウエイト・シフト（体重移動）です」だった。

「左足の体重を右足の内側および右股関節に移すことから、テイクバックはスタートします。私がテイクバックの〝きっかけ〞として、右膝を左に送り込むのは、その反動で体重移動がスムーズに始められるからです。すると、クラブは自然に右に平行移動していく。最初にクラブヘッドを右に動かすという意識では、手打ちになりやすい。クラブヘッドはあくまでウエイト・シフトに連動して右に移動していくのです」

ベン・ホーガンは『モダン・ゴルフ』のなかで、「バックスイングにおける体の主要な部分の動きの正しい順序は、手、腕、肩、そして腰の順だ」と言っている。

おそらく、「最初にクラブヘッドを動かす」という人は、このベン・ホーガンの方法を踏襲しているのだろうが、伊藤プロは、「いや、ベン・ホーガンだってウエイト・シフトから始めているはずです。ただ、あまりにも当たり前すぎるというか、無意識のうちにやっていることなので、テイクバック（バックスイング）はウエイト・シフトから始まるとは書かなかったのではないでしょうか」というのだ。

これが「言葉」のおそろしいところだ。ベン・ホーガンにとっては当たり前でも、アマチュア、ましてやビギナーにとって、当たり前のことなどひとつもない。「テイクバックは手（クラブヘッド）から動かす」ということを教え魔から聞いたり、本で読んだりすると、ウエイト・シフトのことは考えずに、手だけを動かそうとしてしまう。実際、まだ100を切れないような人のなかには、テイクバックで手だけを動かそうとして、体重が左に残ったままの人もいる。これでは、スムーズなバックスイングなど望むべくもない。

テイクバックをウエイト・シフトから始めると、すべての動きが自然に流れていくことが実感できるはずだ。野球のバッターが、構えをつくったあと、やはり体重移動してボールを打とうとしているあの感じ。そして、つねに下半身がリードするかたちでスイングは完了する。

ここで、テイクバックを開始してからフィニッシュまでの身体の動きを、伊藤プロに解説してもらうことにしよう。

「ウエイト・シフトによって、体重が右足の内側と右股関節の上に乗ってきたら、右足の親指のつけね（拇指丘）と右太ももの内側の筋肉によって、これを支えます。上半身の動きとしては、ウエイト・シフトとともに、肩が回りクラブヘッドが右に平行移動し始める。そして、体重が右足の内側にぶつかったときがコッキングのタイミングです。ここからさらに上半身がねじられ、肩が90度回ったところがトップ。しかし、グリップがトップの位置に到達したときには、すでに体重は左に移動しつつあり、それにともなって腰が左に回り始めている。そして、それにつられるようにして、ねじられていた上半身が下半身より遅れて元に戻り、さらに遅れて両腕とクラブが戻ってくる。そして、グリップが元の位置に戻ったところがインパクト。その間、前傾角度は変わっていない。あとは惰性でフォロースルーからフィニッシュを迎えるだけ。スイングを言葉にすると、これだけのことなんですけどねぇ」

スイングを「言葉」で再現するのは、やはりほんとうにむずかしい。そこで、この一連の動きを確認するのに格好なドリルを紹介しておこう。伊藤プロの**ブログレッスン集の06年2月25日の項にある「012345ドリル」**がそれだ。

「0のポジション（アドレス）」から左足を右足に寄せることで「1のポジション」へ移行していくが、こうすることでウエイト・シフトが具体的な身体の動きとして実感できるはずだ。

ポイントは、つねに右手（手首から先）は左手の上にあること。そして、手首をこねないようにして、クラブのフェイス面がつねに右の手のひらと同じ方向を向いていること。

このドリル、やってみると思いのほかキツいことがおわかりのはず。一連の流れをストップモーションにすると、キツいのである。でも実際のスイングでキツいのは、一瞬だから安心されたい。あくまで身体の動きを身体に覚え込ませるためのドリルなのだから、キツいくらいでいいのである。

「クラブはゆっくり振れ」の本当の意味

まだ100前後のスコアで回っていた頃、年に数回ラウンドをともにした知人のシングル氏から、「もっとゆっくり振って！」「君のスイングはあわてすぎ」とよくいわれた。「クラブはゆっくり振るべし」。おそらく読者の中にも、耳にタコができるほどこの教えを聞かされた人がいるはずである。

ところが――。

最近、わかったのだが、プロゴルファーのスイングをよくよく見ていると、じつはみなスイングが「速い」のである。今度、あなたがゴルフ中継を見る機会があったら、いかにもゆったりテンポのアーニー・エルスや加瀬秀樹選手のスイングに合わせて、あなたも同じテンポでクラブを振ってみてほしい。すると、彼らがウソみたいに速いスイングであることが実感できるはずである。

アメリカで古今のプロゴルファーのスイング映像を分析したところ、テイクバック開始からインパクトまでの所要時間は、わずか0・9〜1・2秒しかないことがわかったという。まさに瞬《まばた》きしている間に終わってしまうのがスイングというわけだが、その、どこに「ゆっくり振る」暇があるというのか？

たとえば、ジャック・ニクラスはこう言う。

私はなるべく〝ゆったり〟クラブを動かし始めようとするだけで、クラブの位置などは小細工せず、安定したスイングを考える。

（『ジャック・ニクラスのゴルフ・レッスン』金田武明訳・ベースボール・マガジン社）

最もリズムよくスイングしているのは、バックスイングとダウンスイングのテンポを同じようにしている時だ。そんな時、私の鍵は〝アップした時と同じテンポで手と腕をスイングダウンしろ。とくにダウンスイングを始める時には〟だ。

（同書）

テイクバックをゆっくり開始し、ダウンスイングもゆっくり開始する――ニクラスだけでなく、多くのプロがこうアドバイスしている。しかし、実際の彼らのスイングは、ふつうのアマよりずっと「速い」。しかも、これもアメリカでの分析だが、プロのスイングテンポは、テイクバックの開始からトップまでが3、トップからインパクトまでが1と、圧倒的にダウンスイングのほうが「速い」のである。

いったい、そのどこが「ゆっくりとしたダウンスイング」なのか？　と思われる人も多いだろう。しかし、彼らは意識としては「ゆっくり」腕を振り下ろしているのだ。ただ、彼らは腰の回転が速いため、結果としてスイングが「速く」なるのである。

プロが腕とクラブを「ゆっくり」振り上げ、「ゆっくり」振り下ろしているつもりなのは、そうしないと遠心力が使えないからだと伊藤プロはいう。クラブを「速く」振り下ろそうとすると、どうしてもグリップや腕に力が入りすぎ、ヘッドスピードが上がらない。アベレージゴルファーのマン振りになってしまうのだ。

「トップからダウンスイングにかけて、クラブはヘッドの重みで自然に〝落下〟します。そして、インパクトに向けて徐々に加速していく。これは腕の仕事ではなく、遠心力と重力の仕事。さらに、ここに下半身のリードが加われば、腕とクラブは、先行する下半身にひっぱられるように、さらに加速して落下してくるし、シャフトもよくしなる。結果、ヘッドスピードが上がって、飛距離も出る。一流のプロは、この〝落下する〟という感覚を得るために、〝ゆっくり振れ〟といっているわけで、たしかに腰の回転はアマとは比較にならないくらい速いですね」

と伊藤プロ。結局、ほんとうにクラブを「ゆっくり」振り下ろしては、ちっともボールは飛ばないのである。

ただ、クラブを「速く」振るためには、もちろん腕に仕事をさせてはいけない。とくにダウンスイングでは、下半身（膝と腰）を先に回転させて、あとから上半身↓両腕↓クラブがついてくるようにしなければならない。つまり、そのときの意識としては、腕はゆっくり「振っている」というより、「振られている」といえばいいだろうか。

もうひとつ、「ゆっくり振れ」のなかでも、とくに「スロー・バック」、つまり「テイクバックをゆっくり」とアドバイスするプロが多いのは、「そういう意識がないと、アマは、クラブがスイングプレーンから外れたり、オーバースイングになったり、グリップに力が入ったり、下半身の筋肉や背筋など〝大きな筋肉〟が使えないから」（伊藤プロ）だともいう。

それにしても、わずか一秒、フィニッシュまで含めても二秒以内で終わってしまうのがゴルフのスイングである。ここには、もはや手や腕に仕事をさせる余地はない、と考えたほうが賢明だろう。意識するとしたら、そう、下半身の動きである。

「下半身の動きが感じられるようになったら、アベレージは卒業。下半身の動きにタイミングよく上半身が連動するようになったらシングル」と伊藤プロ。たしかに、ちょっと前までの私の意識のなかには、「クラブをどういう軌道で振るか」という意識しかなかった。だが、最近、腕の存在を忘れて、「腰で振る」ことを意識するようにしたら、力まずとも〝強いボール〟が出るようになってきた。

「ゴルフの肝は、〝胸から下〟にある」

と言う伊藤プロの言葉が少しわかりかけている。今度こそ〝ほんもののシングル〟も間近、かな……。

スイングの〝肝〟がわかる四つのドリル

この章の最後に、伊藤プロ直伝のドリルを四つ紹介しておこう。

キーワードは「下半身リード」と「ヘッドの重み」である。

上級者ならこの二つのキーワードを聞いただけで、これから紹介するドリルがスイングの〝肝〟であることを了解されたはずだ。

①「手打ち防止ドリル」

（ブログレッスン集・06年3月4日）

伊藤プロのスクールでは、レッスンの最初のほうでたいてい「ボール投げ」をやらされる。

ブログの画像をご覧になればおわかりのように、バスケットボール大のボールを目一杯遠くに投げるというレッスンである。

「何、ソレ」と思われた人もいるだろうが、この「ボール投げ」、ただのバスケットボールを投げるのではない。メディシンボールといって、重さが2キロもあるボールを投げるのである。

はい、私もやらされました。飛距離わずか5〜6メートル。おまけに、そのときの投げる様子もビデオに撮られたのだが、不格好といったらありゃしなかった。

不格好で、なおかつ飛距離が出なかったのは、ボールを手で投げようとしていた、つまり、下半身がちゃんと使えていなかったからだ。

伊藤プロは「ゴルフのスイングは、重いものを真っ直ぐ遠くに投げる動きと同じ」だとよくいう。重いものを真っ直ぐ遠くに投げるためには、体重をしっかり右に移動させるなど下半身をうまく使う必要があるし、両手を真っ直ぐ後ろに引かなくてはならない。私のスイングのように、右サイドが伸びたり、両手（クラブ）をインサイドに引いては、真っ直ぐ遠くには投げられないのだ。

そのことが、この「ボール投げ」と「目標を見ながらの素振り」のふたつのドリルによって、よ〜く実感できるのである。

（ブログレッスン集・06年3月29日）

②「振り子ショット」

これは「ボール投げ」と連動したドリルで、下半身の使い方とインパクトのタイミングがつかめてくる。ブログが見られない人のためにやり方を紹介しておくと、

1　ボールをティーアップする。構えは、ふつうのショットのときより膝を軽く伸ばし、クラブヘッドがボールの上を通過するよう上体も少し起こす。

2　腕とクラブの角度を保ったまま（重要！）、ボールの上を3回、ハーフスイングの要領で振り子のようにクラブを往復させる。このとき、腕でクラブを振ろうとしてはダメ。しっかり下半身を使うこと。

3　4回目で、クラブを通常のトップまでもっていき、重心を沈めながら、ボールを打つ。

「振り子ショット」では、グリップや両腕に力が入りすぎていると、「振り子」のようにはスイングできないことが実感できる。いわゆる「ヘッドの重みが感じられるスイング」じゃないとうまく打てないのだ。

（ブログレッスン集・06年4月16日）

③「足揃えショット」

両足を揃えてスイングする、というだけのドリルなのだが、伊藤プロによれば、このドリルは「スイングの九九」であり、下半身と上半身のバランスが悪いときや、試合が近づいてきたときは、たいていこのドリルで調整するという。

ブログに掲載されている写真を見ればおわかりのように、このショットではフィニッシュで、

1　クラブが身体に巻き付いている。
2　右肩が左の膝の上まで回っている。
3　体重がしっかり左に乗っている。
4　右の踵が上がっていない。

ことが大切。そのためには、アドレス時の左の爪先の向きがポイントになるという。身体の固い人は左の爪先を少し開き気味にすると、伊藤プロのようなフィニッシュが取れるのだ。

さらに、「足揃えショット」のポイントをあげておくと、

1　テイクバックで、上半身に絶対に力みが入らないようにする。
2　テイクバックの開始からインパクトまで、ボールと目の距離とボールを見る目線の角度を一定にしておく。
3　トップからはお腹に力を入れ、フットワークを使い下半身先行で一気に振り切る。

の三つ。

テイクバックで力まないためには、クラブを右の首と肩の間にヒョイと担ぐようなイメージでやってみるのがコツ。伊藤プロによれば「身体の硬い人は左肩を深くしっかり回す必要はありません。その人のトップとは〝力まない範囲でクラブが上げられるところ〟でいいのです」

身体からギシギシ音が聞こえるのではないかと思うほど、歯を食いしばって肩を回そうとしている人がよくいるけれど、あれはまさに〝力みの固まり〟。あそこまで力が入ってしまうと、けっしてクラブはスムーズに振れないことが実感できるはずだ。

「スタンスを広げたふつうのスイングでは、どうしても余計な動きが入ってきやすいもの。しかし、足揃えショットでは無駄な動きがカットできます。スイングは、できれば必要最小限の動きに抑えたい。それ以上の動きを求めると、スイングのバランスが崩れやすくなったり、焦りや気負い、力みにつながってしまうのです」

と伊藤プロ。

このドリルは、伊藤プロがトーナメントに出ていたころ、スタート前に外国人プロがよくやっていたという。プロだって、スタート前に応用問題をやるのは無茶。やはりここは「スイングの九九」をおさらいして、基本を確認しておくに限るのである。

（ブログレッスン集・06年3月6日）

④「餅つきショット」

実際のショットの前に、上体を右に向け、クラブをトップの位置から真下に一度振り下ろし、そこからスイングを開始するというドリルだ。

伊藤プロいわく、「ゴルフのスイングをメチャメチャ簡単にいうと、腕は縦に動き、身体は回転する。その合体運動がスイング」ということになる。別な言い方をすれば、「クラブは上げて下ろすだけ。それに前傾した上半身の回転が加わるから、身体の軸を中心とした斜めの円盤、つまりスイングプレーンができる」というわけだ。

このドリルで、最初にクラブをトップの位置から一度真下に振り下ろすのは、ヘッドの重みを感じながら腕の縦の動きを確認するためだ。

大学ゴルフ部出身のあるゴルフ仲間（ハンデ4）は、「調子のいいときは、何も考えずにクラブを上げて下ろすだけでいい」と言っていたけれど、これは伊藤プロのいうスイングの本質と同じ意味なのだろう。

伊藤プロがブログにも書いているように、私たちはスイングというものをもっとシンプルに考えたほうがよさそうである。

第三章　コースに強い人のショット&アプローチ法

自分の〝本当の距離〟を知っていますか?

ドライバーでのティーショットがフックして、左の林の中へ。「あ〜あ」とため息をついて、ボールを探しにいくあなた。「たしかこの辺りのはずだが……」と林の中をうろうろするのだが、なかなか見つからない。

すると、あなたより20ヤードほど後ろにいたキャディさんが、

「ありました。ここですよ〜」

とあなたに告げる。

「えーっ、そんなに後ろ?　木にでも当たったのかな……」

と首をひねるあなた。

よく見る光景である。しかし、生憎、ボールは木などには当たっていない。自分が思ってい

るほどボールは飛んでいなかった、というだけの話である。キャディさんに聞けば、みながみな深く頷くはずだが、アマチュアゴルファーの大半は〝自分の距離〟を長めに見積もってしまう。ホントは220ヤードしか飛んでいないのに、240ヤードくらいは飛んでいるだろうと思ってしまうのだ。

これをして「自惚《うぬぼ》れ」というわけだが、私も含めて、アマチュアゴルファーが自分の距離について「自惚れ」ているのは、故なしとはしない。ドライバーがしっかり芯を食って、ボールにきれいなドローがかかれば、たしかに240ヤード飛ぶのである。ただ、そのゴルファーは、そういう目の覚めるようなナイスショットは10回に1回しかない、という事実をすっかり忘れてしまっているだけの話で。

だから、「当然、越えるはずのバンカー」につかまったり、「乗るはずのグリーン」にショートしたりするのは日常茶飯事。伊藤プロによれば、「アベレージゴルファーの十人中八人は、ショートホールでショートする。ピンをオーバーするのは、風か距離の計算を間違えたときと、ボールがトップしたときくらい」ということになる。

というわけで、ショートホールではひとつ大きめのクラブを使うというのが、アベレージゴルファーの基本ということになるのだが、ただクラブの飛距離については、次の原則は知っておいたほうがいいと伊藤プロはいう。

まず、アイアンはダフリだけは禁物。これは確実に距離が落ちる。一方、トップについては、ショートアイアンはトップするとかなり距離が出るのに対して、ロングアイアンは距離が落ちる。ミドルアイアン（6、7I）は、トップしてもあまり距離が違わない。ただし、いずれのクラブも、ラフからトップしては、草の抵抗に負けてまったく距離が出ないから要注意だ。

クラブ別の飛距離については、人によっては「ドライバーよりスプーンのほうが飛ぶ」という場合もあるはずだ。たしかに芯を食ったときのドライバーはスプーンより20～30ヤードは飛ぶけれど、平均距離で見てみるとスプーンのほうが飛んでいるという場合もある。それだけ、ドライバーは曲がりやすかったり、チョロしやすかったり、結果、飛距離も損することが多いのだ。

ところが、実際のラウンドでは、そういう人でもドライバーの代わりにスプーンを持つケースはひじょうに少ない。スプーンでティーショットするのは「フェアウエイが狭いから、〝安全策〟として」という人が圧倒的に多い。

しかし、なかには、平均するとスプーンのほうがドライバーより飛ぶからティーショットに使っている人もいるわけで、これは〝安全策〟ではなく、むしろ〝積極策〟ともいえる。

ティーショットでスプーンやバッフィーを持つと、「へえ、カタいゴルフするねえ」なんて言いつつ、蔑《さげす》むような目つきであなたを見下すゴルファーもいるだろう。が、そういうゴルフアーは無視してよろしい。なにか言い訳が必要な相手なら、「いやあ、ドライバーがあなたのように上手く打てないもので」とでも言っておく。すると、相手は力みかえって、たいていミスショットします。

コントロールショットも〝しっかり〟打つべし

私の師匠は、「すべてのアイアンを使いこなすためには、サンドウェッジ(SW)的な発想が必要」とよくいう。

「SWというクラブは、90ヤードのフルショットから5ヤードのアプローチまで、何通りもの距離を打ち分ける必要がありますが、他のアイアンも同じです。ラウンド中は林の中からボールを出すときのように、4番アイアンで100ヤード打たなければならないこともあるのだから、日頃からそういう練習をしておくことです」

私の距離は7番アイアンで150ヤードというところだが、師匠に「じゃ、その150ヤードを5番アイアンで打ってみて」といわれたことがある。やってみると、これがひじょうにむずかしい。たいていオーバーする。「では、もっと軽く打とう」と思ってやってみると、今度はスイングに〝緩み〟が出て、ダフったり、トップしたりする。

では、どう打つべきか? 距離を抑えるスイングは、師匠の**ブログレッスン集(06年3月17**

日）にあるお手本の映像を参考にしていただきたい。

これは、1番手ほど距離を抑えるときのパンチショットだが、トップからフィニッシュまで、グリップの位置が肩より上にいかないところに注目していただきたい。そうやってスイングアークの大きさを抑えつつ、しかし、あとはふだんのスイングと同じように、〝しっかり〟打っている。けっして手打ちにはなっていない。

「たとえ20ヤードのアプローチでも、〝しっかり〟打たないとミスします。どんなショットでも、クラブは加速しながらインパクトを迎えるべき。〝軽く打とう〟などと力を加減したりスイングスピードを抑えたりして距離をコントロールしようとすると、手打ちになる。結果、クラブがインパクトの前に失速して、ダフったり、ザックリということになりやすい。距離の調節は力加減にたよってはダメ。あくまで構えによってできたストローク幅で調整すべきで、そのほうが大きな筋肉を使っているからミスヒットしないし、プレッシャーがかかったときも距離がブレにくいのです」

と師匠。

〝しっかり〟打って、なおかつ距離をコントロールするためには、師匠のスイングを参考にして練習をくり返し、その距離感を身体に覚え込ませるしかない。

具体的には、たとえば9番アイアンで120ヤードが〝自分の距離〟という人は、2番手下のアプローチウェッジ（AW）の距離（90ヤードくらいか）から始めて、5ヤード刻みで距離を伸ばしていく。もちろんクラブを短くもつ、スタンスの幅を変える、スタンスの向きを変える（オープンになればなるほど、バックスイングが小さくなって、飛距離が出なくなる）、構えを変えるなどの調整は必要だが、〝しっかり〟打つことはどの距離でも同じである。

そうやって、90ヤード、95ヤード、100ヤード……120ヤードと5ヤード刻みで9番アイアンが打ち分けられるようになったら、これは大変な武器になる。たとえば「ピッチングウェッジ（PW）だと、ギリギリかな」という距離では、どうしても力んでミスショットしやすいけれど、9番アイアンで距離を抑えて打つ技術があれば、平常心でショットできる。ミスショットの確率がぐんと減るのだ。

以前までの私は、残り150ヤードといえば、なんとかのひとつ覚えのように7番アイアン（もっと昔の、自称〝飛ばし屋〟時代は8番アイアン）を抜いていたものだが、風やライの状況では、6番アイアンや5番アイアンを短くもって使うケースも増えてきた。力まなくとも届くという安心感があるせいか、スムーズにスイングできてナイスオン！　と言いたいところだが、想定外の超ナイスショットが出てグリーンをオーバーしたり、安心しすぎてスイングが緩み、コスリ球ということもままあり、まあそれは今後の課題である。

もうひとつ、師匠によると、アマチュアにはフルスイングの定義を知らない人が多いのだという。「フルスイングとは、マン振りではありません。あくまでコントロールできる範囲で最大距離を出すためのスイングを言うのです。5ヤード刻みに距離を増やしていく練習をすれば、自分がコントロールできる飛距離の上限もわかってくる。

たぶん、それまで『9番アイアンでフルスイングすると130ヤード』だと思っていた人は、じつは120ヤードがコントロールできる上限、ということに気がつくはずです」。

ここにも、飛距離に対する「自惚れ」が顔をのぞかせているということか。「アイアンは飛ばすクラブではなく、狙ったところにボールを運ぶクラブ」とは昔からよく言われるが、この言葉をもう一度、肝に銘じておきたい。

「力むな」と言い聞かせても「力んでしまう」あなたへ

「あ、力んじゃったよ〜」

ロングホールのティーショットが、身体が止まって大きくフックしたり、上体が伸び上がって大スライスしたりしたのを見て、何度私はそう呟《つぶや》いたことか。

目の前に広がる広大なフェアウエイ。数秒前には、その真ん中を、空気を切り裂くようにして鋭く一直線に飛び出すボールをイメージしていたというのに、現実はそのイメージを見事に裏切ってしまう。

もちろん、力んではいけないことくらい、私だってわかっている。だから、「力まない、力まない」とか「8割の力、8割の力」とかオマジナイのように自分に言い聞かせながらスイングしたのだ。ところが、身体は私のいうことを聞いてくれない。とくに、〝飛ばし屋〟といっしょにラウンドしていると絶望的である。「よし、オレも」という思いが頭のすみっこに一瞬でもわいてくるともういけない。どんなにその思いを打ち消そうとしても、そいつはどんどんでしゃばり、入れてはいけない力を私の身体に注入してしまうのだ。ホームコースの〝キャプテン〟M氏は、そんな私を見ては、いつも「もったいない」と言う。「いいパンチ持ってるのに、それが全然、ボールに伝わってない」と言うのだ。

「力み」が生まれるのは、かつて〝飛ばし屋〟といわれた自分のイメージにまだしがみつこうとしているからなのか、それとも、単にヘボゴルファーたる自分の業なのか。

私はこれまで先輩たちのアドバイスやレッスン書をヒントに「グリップをきつく握らない」「肩をグッと上げて一度止め、ストンと下ろす」など、力まないための方法をあれこれと実行してみた。

なるほどやってみると、テイクバックからトップまではリラックスできている（ような気がする）。ところが、ダウンスイングに入るやいなや、それまでの〝穏やかな私〟はどこかへいってしまう。そして、一瞬のうちに〝マン振りの鬼〟と化した私は、「この野郎！」とばかりボールをひっぱたこうとする。わずか2秒たらずのスイングのなかで、ジキル博士からハイド氏に変身してしまえるのだから、我ながら器用ではある……。

どうすれば力まないでスイングできるのか？　それは私にとって、ゴルフを始めた頃からの大テーマであった。「飛距離への幻想を捨てよ」のような精神論や、「目一杯のスイングはかえってヘッドスピードが落ちる」「身体と腕の一体感がなくなる」といったスイング理論は承知している。しかし、承知しているだけでは、私のなかにいるハイド氏の台頭を抑えることはできないのだ。精神論やスイング理論ではなく、もっと具体的で有無をも言わさない「力まないための方法」はないものかと、思案すること十余年……。

その方法を教えてくれたのは、やはり師匠だった。

ブログレッスン集の06年2月16日の項をご覧いただきたい。題して**「力みは百害あって一利無し」**。

ここで伊藤プロは、力みをとるための具体的な方法として、「クラブ回し」を伝授してくれている。ショットに入るまえに、クラブを2回回し、3回目でボールを打つ。こうすると、遠心力が強く感じられて、自然に力みがとれるというのだ。

やってみた。最初は2回クラブを回すのがぎこちなかった。肩や肩甲骨《けんこうこつ》の関節がうまく回転しないのである。つまり、この「クラブ回し」は、力みをとるためだけでなく、肩や肩甲骨の関節を柔らかくする効果もあるということである。

ともかく、何回かやるうちに、肩がほぐれてきてうまく回るようになった。すると、無駄な力が入っていると、肩がうまく回らないことがわかってきた。逆にいえば、肩がうまく回っているときは、力みが消えており、遠心力が感じられるのである。以来、練習場で「あ、力んでるな」と感じたとき、私はこのクラブ回しをよくするようになった。ラウンドでは、ショットの前の素振りとしてやっている。それでも、まだ力むときがあるから、この業とは、もうしばらくつきあわなければならないのだろうが、力む確率はぐっと減った。

この他、私が実行して効果があると思った「力まないための具体的な方法」をいくつか紹介しておこう。

ひとつは、ドライバーのティーショットで、クラブのソールを浮かせる方法。地面にベタッとつけてしまうと、テイクバックのとき一度クラブを持ち上げなければならなくなり、そのちょっとした動きが「力み」を生むきっかけになることがある。

もうひとつは、宮里藍ちゃんの父、宮里優氏が『静筋ゴルフ革命』(ゴルフダイジェスト社)のなかで紹介している方法で、「アドレスでいったん息を全部吐き出し、息を止めたところからバックスイングに入る」というもの。こうすると、たしかに上体の余分な力が抜けるだけでなく、肩も楽に回るようになる。ついでに言えば、息を吐いたあと、口を開けたままスイングすると、力みようがないことに私は最近気づいた。

最後は、アメリカ在住のテレビカメラマン・高野英二氏が運営している「ゴルフ『80を切る！』日記」というサイトで見つけたオマジナイ。

力む人は、ティーショットの前に、自分にこう言い聞かせてみよう。

「お前さんが結構飛ばすのは、誰でも知っている。何もまた、それをここで証明する必要はない。適当な距離に真っ直ぐ飛べばいいじゃないか」

精神論は効き目がないと言ったけれど、このオマジナイ、私にはただ「力むな！」と言い聞かせるよりはずっと効果がありました。

ティーグラウンドには罠がいっぱい

練習場ではいいショットが打てても、コースではなかなかそうはいかないのはみなさんご存じのとおりだ。

理由はいろいろあるけれど、ここではゴルファーが無意識のうちにはまっている〝コースの罠〟について考えてみる。

最初の罠は、ティーグラウンドにある。

まずはその向き。ティーアップするとき、ふつうゴルファーはふたつのティーマークを結んだ線上の少し内側にティーを刺す。そこまではいいのだが、問題はスタンス(両肩)の向きだ。フェアウエイの真ん中を狙う場合、アベレージゴルファーのなかには、二つのティーマークを結んだ線に対して、直角に立つ人が多い。二つのティーマークを結んだ線が、素直にフェアウエイの真ん中を向いていればそれでいいのだが、ホールによっては、斜めになっていることもある。そんな場合、このやり方でスタンスを決めてしまえば、フェアウエイの真ん中を狙うスタンスにはけっしてならないことがおわかりだろう。

こうした錯覚をしないためには、ティーアップしたら、ティーグラウンドの向きやティーマークを結んだ線のことは一切忘れること。そして、ボールの真後ろに立ってターゲットをピンポイントで決めたら、そのターゲットとボールを結んだラインに対してスクエアに立つことだけを意識することだ。

その意味でも、「ボールの真後ろに立ってラインを確認する」という作業を自分のプレショット・ルーティンに組み込んでおくことがいかに大切かおわかりのはずである。

二番目は、ティーグラウンドの傾斜である。ティーグラウンドは基本的には平らにつくられているけれど、ホールによってはゆるい傾斜がついている場合もある。

それに気がつかずに、たとえば爪先下がりや左足下がりの場所にティーアップしてしまうと、ティーショットはスライスしやすくなる。ティーグラウンドの傾斜は、いったんティーグラウンドに上がってしまうとなかなか気がつきにくい。ホールに到着したら、ティーグラウンドに上がる前に、まずは全体の傾斜をチェックしておくことをお忘れなく。

ティーグラウンドの話が出たついでに、ティーアップする場所と狙う方向について述べておこう。

伊藤プロによれば、狙う方向はその人の持ち球や風向きによって変わってくるけれど、基本は「OBや入れたくないバンカーなど、障害物に近いほうにティーアップすること」だという。たとえば右がOBというホールでは、持ち球がフェードというゴルファーはティーグラウンドの右側にティーアップし、左方向（どんなにスライスしても右には行かないというライン）を狙う。つまり、障害物を避けながら、フェアウエイを対角線に使うのがセオリーというわけだ。

持ち球がドローという場合も、やはり右側にティーアップする。そして、OBラインより絶対に右に行かないというラインを決め、それに沿ってドローボールを打っていけば、ボールはフェアウエイの真ん中に落ちる。

ビギナーやアベレージゴルファーのなかには、OBを恐れるあまりOBゾーンとは反対側、つまりこの場合なら左側にティーアップする人がいるけれど、それではかえってOBが出やすいのである。

ただし、フェアウエイを対角線に使うという方法は、口でいうほど簡単ではない。私は、練習場では、狙いどころがいつも正面のネットじゃツマラナイというわけで、ときどき左右の隅を狙うことがある。ところが、そうするととたんにスタンスの向きが狂ってくる。いつもマットの向きに沿って正面ばかり狙っていると、いざ斜め方向に打とうとした場合、自分がどこを向いているのかわからなくなるのだ。これでは、実際のコースでフェアウエイを対角線に使うこともむずかしい。

というわけで、練習場では、正面ばかり狙わず、ときどき斜め方向を狙う練習もしてみることをおすすめする。スタンスの向きがわかりにくければ、最初のうちは狙っているラインに沿ってクラブを置き、それを目印にしてもいい。最終的には目印などなくとも、いつも狙った方向に構えられるようになれば、フェアウエイを対角線に使うことも自由自在。コースでも同伴競技者から「どこ向いて打ってんの?」なんて言われなくてすむはずです。

ヤーデージより、自分の直感を信じよ

パー4の第2打。ティーショットは会心の当たりで、あなたのボールはフェアウエイのど真ん中にある。

グリーンの真ん中に立っているピンまでの距離は、あなたの判断では140ヤード。ところが、コースのヤーデージ杭を見てみると、150ヤードを示す植木の真横にボールがある。

さて、あなたは、自分の判断とコースのヤーデージ杭のどちらを信じるだろうか？

答えを先にいうと、信じるべきは自分の判断である。

第一の理由として、コースのヤーデージ杭というのは、かなり〝甘め〟のことが多いからだ。コースのなかには、全体の距離を長く見せようとして、ホントは３５０ヤードしかないミドルホールを３７０ヤードなんて表示していたり、グリーンまで残り１５０ヤードのヤーデージ杭も、実際は１４０ヤードしかないというところがある。

これだけでもとんでもない話だが、コースによっては、ホールによってヤーデージ杭が甘かったり、辛かったりすることもある。こうなると、ヤーデージ杭は一切アテにできなくなる。信じるものは、自分の目しかなくなるのである（ただし、最近は、スプリンクラーなどにグリーンまでの距離が表示されているコースも増えており、これはかなり正確）。

同じことは、キャディさんに聞いた残り距離についてもいえる。グリーンを狙うショットになると、かならずキャディさんに「残り何ヤード？」と尋ねるゴルファーがいるけれど、キャディさんの答えが正確かどうかは、ひとえに彼女の経験と能力による。

ホームコースの、何度も組んだことのあるキャディさんなら、彼女の距離感がどれくらいアテになるかわかっているからいい。しかし、初めてのキャディさんや初めてのコースとなると、キャディさんの目をどの程度まで信じていいのかわからない。まあ、一、二度、距離を尋ねてみれば、そのときの答え方も含めて、彼女の距離感がどれくらい正確かはおおよそ見当がつくものだが、ともかく、キャディさんの能力が未知数という場合、信じるものは自分の目しかないのだ。

ふたつめの理由は、自分が判断した距離というのは、その日の体調や調子も含めて下された結論のはずであり、他人からアレコレいわれる筋合いのものではないということだ。

仮にヤーデージ杭が正確で、あなたのボールはグリーンまで実際に残り150ヤードのところにあったとしよう。にもかかわらず、あなたが残り150ヤードを140ヤードと判断したということは、その日は体調も調子もいいということなのだ。だから、残りは140ヤードと信じて、使うクラブを決めればいい。

いや、あなた自身も残りは150ヤードと判断したとしよう。しかし、体調も調子もいいときは、ふつうなら7番アイアンのところを8番アイアンで行けそうな気がするもので、そう感じた以上、あなたは自分の直感に素直に従えばよろしい。

反対に、実際の距離より長く感じられるときは、あまり体調も調子もよくないはずで、こんな場合は1番手上のクラブを使ったほうが無難だ。

伊藤プロも、こうした経験は山ほどあり、ある年の日本プロゴルフ選手権ではこんなことがあったという。その初日、我が師匠は3アンダーというイケイケ状態で前半最後の18番ホール

（パー5）を迎えた。ティーショットは会心の当たりだったが、2打でグリーンをとらえるためには、グリーン手前の池を越える、キャリーにして250ヤードのショットが必要だった。キャディは、当然刻むものとアイアンを手渡そうとしたが、伊藤プロが要求したのは、ドライバーだった。

「やめて下さい」とキャディ。「いや、絶対越えるから」と伊藤プロ。「お願いだから」「黙れ、よこせ」というやり取りのあと、キャディバッグから強引にドライバーを引き抜いた伊藤プロは、迷うことなくフルスイング。結果は、見事にグリーンをとらえ楽々バーディーを獲得した。

「ちょっとヒール気味でしたけど、ちゃんと越えましたよ。人によってはイチかバチかのショットに見えるかもしれませんが、当人には〝イケル〟という根拠があるんです。使うクラブや攻め方、球筋は、ライや風だけでなく、試合の流れとか、当日の調子とか、もろもろの要素を全部総合して決まる。これはプロもアマも同じはずです」

中部銀次郎氏もこう言っている。

自分の判断のほうが正しいんだっていう気持ちがなければ、ゴルフなんてできっこないんです。生意気な自信というか、そういうものを持っていないと、不安ばかりになって、結局、自分のゴルフができなくなる。不安が生じると体の動きに制約が加わってミスショッ

トが出やすい

（前掲書）

自分は140ヤードと判断したのに、150ヤードのヤーデージ杭を信じて打つと、トップしたり、ダフッたりしやすい。これは、頭の片隅に「やっぱり、このクラブでは大きすぎるのでは……」という不安があるからだ。そのため、無意識のうちにスイングを手加減しようとしてミスをやらかしてしまうのだ。

迷ったときは、ともかく自分を信じること。そのほうがたとえ失敗したとしても、「ま、しょうがない」と諦めがつく。しかし、これがヤーデージ杭やキャディさんの言うことを信じたがための失敗だと、悔やんでも悔やみきれないのである。

それでも自分を信じてはいけない場合とは

「距離については自分を信じなさい」と言った、その舌の根も乾かないうちに、「信じてはイケナイ場合もある」という話をさせていただく。

人間は錯覚の動物といわれる。恋愛状態にある男女しかり、ゴルファーしかり。心理学では「錯視」といって、人間は特殊な図形を見ると、「長いものを短い」と感じたり、「短いものが長い」と感じたりすることがわかっているが、ゴルフコースにも、ゴルファーに錯視を起こさせるような状況がしばしば現れるのだ。

いわゆる「コース設計者の罠」といわれるものである。しかし、べつに設計者はゴルファーを苦しめようとしてそうしているわけではないはず。なぜなら、設計者の罠を見破るのも、ゴルフの楽しみのひとつだからだ。

では、どんな罠があるのか？

たとえば、グリーンのすぐ奥に林や崖、壁などが迫っているホールは、グリーンまでの距離が短く感じられる。反対に、グリーンの奥が海だったり、木立が切れて遠い山並みが見えるようなホールでは、グリーンまでの距離が長く感じられる。

錯覚を起こさせるコースの罠はまだある。ゴルファーとグリーンの間に、一本の大きな木があるようなホール。こうした場合は、グリーンまでの距離が実際以上に遠く感じられる。理由は、木とグリーンの間の距離を実際以上に長く見積もってしまうからだ。こうした状況では、キャディさんにちゃんと残り距離を確かめたほうがいい。

さらに、グリーンを縦長にすると、グリーンまでの距離が実際より長く見えるし、横長にすれば短く見える。

距離に対する錯覚は、太陽の光によっても生じる。順光、つまり太陽を背にしてグリーンを見たときは、実際より近く見えるが、逆光のときは、実際より遠く見える。とくに朝夕など、太陽が低い位置にあるときは、錯覚の度合いが強くなるから要注意だ。

また、丘陵コースでは、平坦に見えても、じつは打ち上げだったり、打ち下ろしだったりということもある。高速道路では、「上り坂、減速注意!」や「下り坂、スピード注意!」という看板がよくあるけれど、あれと同じ。コースの中にいると、ホール全体の傾斜が見えなくなることがあるのだ。

というわけで、コースにはゴルファーに錯覚を起こさせるような罠がいたるところに仕掛けられている。その多くは、これまで紹介したように距離の罠だ。判断に迷うときは、ヤーデージを参考に、しっかり歩測してみることをおすすめする。

右手一本で20〜30ヤードをアプローチ

私のホームコースには、六十代のシングル氏がたくさんいる。彼らとラウンドするたびに痛感するのが、アプローチの上手さだ。たしかに飛距離は出ない。400ヤードを越えるパー4だと、なかなかパーオンというわけにはいかない。しかし、3打目をきっちり寄せて、難なくパーを拾ってくる。

一方、私はといえば、パーオンしないと、なかなかパーが取れない。私のパーオン率は33パーセントほどで、六十代シングル氏とさほど変わらない。しかし、パーセーブ率となると、私が40パーセントくらいなのに対して、彼らは悪くても50パーセントはキープしている（彼らはパットも上手いのだ）。その差＝私と彼らのハンデの差であり、そうやって5割の確率でパーがキープできるから、彼らはシングルでもあるわけだ。

「スコアメイクのためには、アプローチとパッティングが重要」とはあらためていうまでもない真理だ。実際、ボビー・ジョーンズも、「チップ・ショットがうまくいかなかった時のストローク・プレーほど苦しいものはない」（『ゴルフの神髄』）と言っている。アプローチが寄らない↓微妙な距離のパットが残る↓そういうパットが続くと精神的に疲れてくる。かくして「遅かれ早かれ、スコアはすべり落ちるように悪くなる」というわけである。

では、どうすればアプローチが上手くなるのか？

我が師匠はズバリ、「打ち方よりイメージと集中力の問題」だという。

「何度も言いますが、ゴルフは〝狙うゲーム〟。アプローチなら、狙うのはカップ、もしくは、やさしいパットが残るエリアです。まずそこにボールを運ぶことに集中する。そして、ボールがカップに寄っていく光景（ボールの高さ、落とし場所、転がり方など）がイメージできれば、もう寄ったも同然だと考えればいい。アプローチの下手な人は、狙おうとする以前に、打ち方をああだこうだ考える。それでは寄らないのです」

「でも、ぼくの場合、イメージ出しすぎてチョロとか、ザックリとかやっちゃうんですけど」

「小泉さんのはイメージというより、〝寄せたい〟という欲でしょうが。欲がふくらむと、同時に、こんな短い距離で失敗したらミットモナイとか、ザックリやるんじゃないかという不安が頭をもたげてくる。そうなると、実際にその通りになるのがゴルフというもので」

「まあ、たしかにそのとおりなんだけど……。でも、イメージがあっても、それを実現するための技術って、やっぱり必要なんじゃないですか？」

「それはもちろん」

というわけで、師匠が教えてくれたのが、**ブログレッスン集の06年3月25日の項にある「アプローチ克服ドリル」**だった。

これは右手一本で20〜30ヤードのアプローチショットをするドリルだ。アプローチをミスする最大の原因は、距離が短いためについ〝手打ち〟になってしまうことだが、このドリルは手打ちでは絶対にうまくいかない。クラブの重さを感じつつ、腕（主に右肘）と右腰がうまく連動しないと、ちゃんとボールに当たらないのである。以下、ブログが読めない人のために、このドリルのポイントを転記しておこう。

1　右肘をしっかり内側に入れる（右肘が自分のおへその右側をさすくらい）。

2　グリップは、フィンガー（指）で握る（もし、その状態でその手を開いたとしても手のひらが見えないように。言い換えてみれば、手のひらが斜め左下を向くように握るとも言える)。

3　ダウンスイングでは、まだクラブヘッドが右(上)に動いているうちに下半身を左に移動させる。

4　それによって、手首の角度が付き、その角度をキープしたまま右肘と右腰を一緒にターンさせる。

このドリルは、アプローチ上達のためというだけでなく、ふつうのスイング作りのためにもひじょうに大事だと師匠はいう。とくに3では、切り返しのタイミングと、いわゆる「下半身リード」のダウンスイングが実感できるし、4の「右肘と右腰を一緒にターンさせる」は、あらゆるスイングの肝なのだろう。

もうひとつ、師匠が教えてくれたのが、次のアプローチの練習法だ。

それは、数メートル先のターゲットに向かってゴルフボールを投げるという練習。

「アプローチは、ボール投げと同じ。誰でも、ボール投げなら〝これくらいの距離なら、これくらいの力で投げればだいたいあの辺に落ちて、2〜3メートル転がるな〟ということがイメージできるはず。つまり、目から入ってきた情報を脳で感じ取って、ボールを投げた結果を想像、つまりリハーサルしているわけです。このときの腕の振り幅は、あくまでイメージした結果でしかない。リハーサルと結果が違えば、試行錯誤しながらそのイメージを修正していく。それがゴルフの練習というものなのです」

頭がいい人のレイアップ術

ドライバーでは闇雲に飛距離を求め、第2打ではがむしゃらにグリーンを狙う。仮にグリーンには届かないとわかっていても、「とにかくグリーンの側まで行けばなんとかなる」と、長いクラブを振り回す——恥ずかしながら、いまだに私はそういうゴルフをすることがある。

そうやって取ったパーはたしかにうれしい。しかし、そうすることでボギーやダボに終わったことのほうがずっと多かったという事実を考えると、私のゴルフには「コース・マネジメントというものがない」といわれてもやむをえない。

頭のいいゴルファーは、自分の技術や飛距離だけでなく、その日の調子、そしてもちろんボールのライや風、コースのレイアウトなどによって、「刻むべきときは刻む」。これは安全策というより確率の問題で、彼は、「刻むこと」がより少ない打数でホールアウトするための最善策だと判断したわけだ。

と、ここまでは、私にいわれるまでもなくちゃんと実行している人も多いはずだが、問題は、

その「刻み方」にある。伊藤プロによれば、刻むときの原則は、

1　距離を欲張らない。
2　得意のクラブでフルスイングできる距離を残す。
3　できるだけ平らで、ピンが狙いやすい場所に刻む。

ということだ。ところが、世の中には、刻むと決めたにもかかわらず、それでもやっぱり少しでもグリーンに近づきたいという欲があるのか、大きなクラブを持って、距離をギリギリまで欲張ろうとする人がいるのである。

なぜ、それがまずいのか？

たとえばこんな状況が考えられる。グリーンの手前に池があり、その手前に刻もうとしたとする。このとき、距離を欲張るとロクなことがない。ひとつは、当たりがよすぎて、池ポチャという場合。刻むときのショットは、リラックスしてスイングできるため、芯を食うことが多い。結果、思ってもみなかった距離が出てしまうことがあるのだ。

さらに、池の手前は池に向かって下り斜面になっていることが多いため、手前にキャリーしても想像以上にランが出て池に入ってしまうこともある。運よく池ギリギリに止まったとして

も、今度は左足下がりの難しいライからのショットが残る。というわけで、池やバンカー、林などハザードの手前に刻むときは、「どんなに会心の当たりでも絶対にハザードに届かないクラブ」で刻むのが鉄則なのである。

2については、フルショットよりコントロールショットのほうが難しいからだ。たとえば残り220ヤードを4番アイアンで180ヤード打ち、残り40ヤードをSWで寄せる場合と、9番アイアンで120ヤード打ち、残り100ヤードをPWで寄せる場合とでは、どちらがグリーンをとらえる確率が高いかを考えてみればいい。アベレージゴルファーはもちろん、冬や春先の芝の薄い時期は、シングルだって後者の確率のほうが高いはずである。

3については、ピンの位置を考慮するだけでなく、グリーンの面が受けた角度になるような位置に刻むと、アプローチが寄りやすくなる。

こうして考えてみると、200ヤードを越えるような長いショートホールでは、PWを2回続けて使ったほうがいいスコアであがれそうなゴルファーもいるのではあるまいか。実際、私は、ホームコースの難易度の高い長いショートホールで第1打を大チョロ。残り70〜100ヤードをSWやAWで寄せワンというケースが、しばしばあるのである。

第四章 ラウンド中の自己コントロール術

ゴルフのラウンドは前日から始まっている

アメリカの片田舎にあるような、スタート小屋があるだけのゴルフコース。そのすぐ近くに家があったら、と思うことがある。

朝、小鳥のさえずりとともに目が覚める。カーテンを開けると、昨夜の雨が嘘のような青空だ。時計を見ると、午前七時。「昨日、原稿も書きおわったことだし、ゴルフでもするか」。朝食をとったあとコースに出かけても、時刻はまだ八時だ。ゆっくりストレッチをしていると、やはり近くに住んでいるゴルフ仲間がやってきて、いっしょにラウンドすることに。ドライビングレンジで30球ほどボールを打ち、「今日のボールはちょっとフェード目だな」と球筋を確認。練習グリーンで五分ほどボールを転がし、グリーンの速さをチェックしたら、キャディバッグをカートに積み込んで静かにスタートしていく。

こんな具合に1番ホールのティーグラウンドに立てれば、それだけでいいスコアが出そうな気がするのである。

ところが、現実はといえば――。

明日の日曜日は久しぶりのコンペというわけで、練習場に出かけたA氏。しかし、土曜日とあって、打席は満席。順番が来るのをイライラしながら待つこと四十分。ようやく打席に入ったA氏は、気がはやってろくにストレッチもせず、ボールを打ちはじめた。が、なかなかいい当たりが出ない。「コンペの前日だから2カゴだけ」のつもりが、だんだん熱くなって、気がついたときには5カゴも打ってしまっている。「最後のほうは何発かいい当たりが出たから、ま、いいか」と自分を納得させるA氏。

帰宅後、テレビのトーナメント中継を見ながらイメージトレーニングをしていると、「あら、あなた、明日もしかしてゴルフ？」とカミさんがいう。「ずっと前に言ったはずだけど」とA氏。「明日は花子のピアノ発表会よ」と声をとがらせるカミさん。「だからぁ、取引先のコンペだから仕方がないってことで了解したじゃないか」と反論するA氏。カミさんは大きなため息をついて「あ～あ、ゴルフと家族のどっちが大事なのかしら……」。

気まずい雰囲気のまま夕食を迎えると、A氏は腰のあたりに鈍い痛みがあることに気づく。昼間の練習がたたったらしい。腰をさすりながらの入浴後、目覚まし時計を五時に合わせて十時には床についたA氏だったが、ベッドに持ち込んだゴルフ雑誌の「パット名人」の記事にひらめくものがあって、なかなか寝つけない。さらに、追い打ちをかけるようなカミさんのイビキもあって、結局、A氏が眠りについたのは午前一時過ぎだった。

翌朝、寝不足による軽い頭痛を感じながら家を出たA氏は、高速道路の渋滞に遭遇して、コースに到着したのはスタートの二十分前。あわただしく着替えをすませ、練習グリーンでボールを転がし始めると、お腹がグ〜ッと鳴る。「そういえば、まだ朝メシ食べてなかったな」。A氏のスタートはコンペの第1組。クジでオナーになったA氏は、大勢の参加者が見守るなか、徐々に高まってきた心臓の鼓動を聞きながらドライバーをひと振り。しかし、フィニッシュでよろけ、ボールは無情にも、右のOBゾーンへと消えていった……。

＊　＊

師匠いわく、「ゴルフの前日は痴話ゲンカだけはしないように」。とにかく、怒るようなものに遭遇しないよう努めるべきだという。ゴルフはメンタルなゲームとは、耳にタコができるくらい聞かされる話だが、ゴルフの前日は、できるだけふだんと同じように過ごし、心を平静に保っていたいのだ。

やりつけない練習をしたり、ふだんより早めに寝ようとしたり、ゴルフの技術書をひもといたりするのもよくない。行ったことのあるコースなら、1番ホールから頭の中でラウンドする。

初めてのコースなら、なるようにしかならないと楽観する。あるがままの心境で、静かにスタートホールのティーグラウンドに立つ――それが理想である。

そのためには、コースにはできるだけ早く到着したほうがいい。着替えをすませたら、ゆっくりトイレに入る。師匠は「朝のトイレは精神統一の場」だという。そして、ゆっくりコーヒーでも飲み、ゆっくりストレッチをし、ゆっくり練習をする。移動中はけっして走らず、ゆっくり歩く。この「ゆっくり」な感じを自分の身体にしみ込ませるようにしてスタートまでの時間を過ごすことができれば、おそらくそれだけでスコアの二つや三つは違うのではないか。

とくに自分でクルマを一時間以上運転してコースに出かける人は、コースに到着したら、十分なストレッチをしておくことをおすすめする。運転姿勢を一時間も続けていると、どうしても身体が固まってしまう。こんなときは、練習時間を削ってでも、ストレッチをやったほうがいい。

また、クルマのなかで音楽を聴く人も多いはずだが、私には「いいスコアが出そうな曲」というのがあるような気がしてならない。いろいろ試してみた結果、好きなクラシックでは、ワーグナーはアドレナリンが出すぎてダメ。ベートーヴェンも、ちと重い。いまのところ、モーツァルトのクラリネット協奏曲とかバッハの無伴奏チェロソナタなど、静かで美しいメロディラインの曲がいいようです。

スコア以外の目標を持ってラウンドする

一時期、ラウンドするたびに、ベストスコア（78）を狙っていたことがある。ラウンドの一〜二週間前からテーマをもって練習し、それなりの手応えを感じていたからこそなのだが、そうやすやすとベストスコアなど更新できるはずもない。そこで、今度は、「どちらかのハーフでは30台を出したい」とか「せめて80台前半、あわよくば80を切りたい」などの目標に切り替えた。しかし、それでも私がスコアにこだわっていることには変わりがない。

読者のなかにも、「100を切る」「90を切る」「80を切る」などの目標を持ってラウンドしている人が大勢いるだろう。「ゴルフは上がってナンボ」だから、自分が設定したスコアを目標にラウンドするのは当然のことのように思える。

しかし、伊藤プロは、「ラウンドするときには、スコア以外の目標があっていい」という。「たとえば、最低でも7ホールはフェアウエイをキープしようとか、パッティングではパターは芯で打つことだけを考えるとか、そういう目標があると、かならず得るものがある。そして、そういうスコア以外の目標に集中していると、えてしていいスコアが出るのがゴルフなんです」。

トーナメントに優勝したプロゴルファーは、インタビューのなかで、よく「優勝は狙っていなかった。とにかくティーショットをフェアウエイに置くことだけを考えていた」のような発言をする。私は、あれはウソでもなければ、謙遜したうえでの発言でもないと思う。なぜなら、トーナメントとは相手があり、その相手のスコアをコントロールすることはできないからだ。いや、ゴルフというゲームは運も左右するから、ゴルファーは、自分のスコアさえコントロールすることができないともいえる。

結局、ゴルファーにできることは、一打一打にベストを尽くすことだけ。優勝は、あくまでその結果でしかないのだ。

そう考えてくると、私には、アマチュアゴルファーがベストスコアを出したいとか、80を切りたいとか思うのは、プロゴルファーが優勝を狙うのと同じことのように思えてくるのだ。

優勝しか狙っていないプロゴルファーのなかには、優勝に届かないとわかった時点でキレてしまうタイプがいる。同じように、アマチュアゴルファーのなかにも、前半のスコアが悪いと、後半は「練習」と称して、投げやりなゴルフをしてしまう人がいる。

キレてしまったプロゴルファーは、順位が下がり、賞金も少なくなるから、自業自得。まあそれは覚悟の上のプッツンなのだとは思う（とはいえ、テレビ中継で、フテ腐れたプロゴルファーを見るのは、じつに不愉快なのだが……）。

しかし、アマチュアゴルファーの場合、スコアが悪くてダラけたゴルフをしてしまっては、何のために貴重な休日をつぶしてまでコースにでかけたのかということになりはしないか。プロがその試合を「捨てる」ことより、アマがそのラウンドを「捨てる」ことのほうが、私には罪深いことのように思える。たとえ「ゴルフは遊び」という人でも、遊びだからこそ真剣にやらなければ面白くない。それは草野球だって、麻雀だって、すべて同じだ。

目標スコアは、もちろん誰にでもある。しかし、それは心の奥のほうにそっとしまっておいて、目の前の一打に集中する。伊藤プロがいう「スコア以外の目標を持て」とはそういう意味もあると思う。

「スコアのことは完全に忘れて、すべてのアイアンショットをハーフショットで打ってみるとか、3本のクラブだけで回ってみるとか、そういうラウンドも面白い。以前、SW1本でロングホールを攻めてみたことがあるのですが、わざとトップさせて距離を出すなど、ふだんのラウンドではできない練習ができた。こうしたラウンドはアマチュアゴルファーにもおすすめです。長い目で見れば、このほうがスコアアップには絶対に役立ちます」

プロゴルファーが、試合のなかで左打ちや水切りショットがうまくできるのも、練習ラウンドのなかで、こうした〝遊び〟を取り入れているからだ。私たちも目の前のスコアに汲々《きゅうきゅう》とするのではなく、たまには〝真剣に遊んでみる〟のも面白そうである。

あらゆるミスやトラブルを想定してスタートする

スポーツのイメージトレーニングでは、よく「自分が成功したシーンを思い浮かべる」という方法がとられる。ゴルフでも、ジャック・ニクラスのように、ショットの前に自分が思い描いた球筋を「映画を見ているように視覚化する」ことがナイスショットの秘訣といわれる。

それはその通りだと思うのだが、その一方で、ゴルフは「ミスのゲーム」でもある。当然ながら、すべてのショットがナイスショットなはずもなく（実際、プロゴルファーでも、1回のラウンドで満足のいくショットは、1〜2球しかないという）、その意味からすると、ゴルフでは「成功のイメージ」のほとんどは裏切られる運命にある、ということになる。

ところが、私たちはこの当たり前の事実をときに忘れてしまう。ミスショットしたり、3パットしたりすると、「エッ⁉」とか「こんなはずでは……」とか思ってしまうのである。こうした心の動揺は、ゴルファーにとって大敵であることはいうまでもない。

我が師匠は常々「ゴルフでは心が平坦なほうがいい。喜怒哀楽の感情は極力、減らすべき」と言っている。そして、そのためには「スタートする前に、考えられるあらゆるミスショットやトラブルを想定しておくこと」と言う。

「もちろん、ゴルファーは誰でもミスショットや3パットをしないよう心がけている。でも、それでもやってしまうのがミスショットであり3パットなのです。しかし、最初から〝ゴルフとはそういうものだ〟と覚悟しておけば、ミスショットのたびに心が動揺することはなくなる。

ハンデ5の人でも、OBの一発や3パットの1回くらいは覚悟しておく。ハンデ18の人なら、トップやチョロ、大ダフリなど、誰が見てもミスとわかるショットが6回、3パットも3回くらいは十分ありうると想定しておけば、それが現実になっても自分に腹が立たないのでは？ともかく、ミスの回数は関係なくベストを尽くすこと。それでダメならしょうがないと考えることです」

心の準備という意味では、ミスショットしたとき、「最悪の事態」を想定しておくことも大切というのは、中部銀次郎氏だ。

たとえば、ティーショットが曲がって林の中に消えたとする。このとき、ふつうのゴルファーが考えるのは、ボールのライがよく、なおかつグリーンが狙えるような場所にあってほしいという「願望」のはずだ。

ところが、行ってみると、ボールは木の根っこにあり、枝が張り出していてグリーンも狙えないことがわかる。こうなると、たいていのゴルファーは我が身の不運を呪う。そして、冷静さを失って、さらなるミスショットをくり返してしまうのだ。

心の準備さえしておけば、ライの悪いところにボールがあっても驚くことはない。その場に行くまで、もしこういう状況だったらこうやって処理しようという考えがすでに頭の中に入っているわけですから、気持ちの上でも余裕をもってのぞめる。これがいい結果を生むことになるんです。
（前掲書）

「最悪の事態を想定して事にのぞむ」というのは危機管理のイロハだ。そもそもゴルフとは「ミスのゲーム」、つまり「危機だらけのゲーム」なのだから、つねに最悪の事態を想定しておくことは当然の心得なのである。

ただし、想定すべきは、ミス（危機）だけではない。我が師匠には、こんな苦い経験がある。あるトーナメントの予選会。どしゃぶりの雨のなか、彼はそれまでいいペースでラウンドしていた。その後半最初のロングホールでのこと。第2打を花道まで運び、イージーなアプローチが残った。ふつうなら誰がみてもバーディーは固いと思うところだったが、雨のせいで見た目ほど簡単なアプローチではなかったという。

師匠は「寄らなくても怒るなよ」「寄ってパットが入らなくても怒るなよ」と自分に言い聞かせながらアドレスに入った。最悪の事態を想定したわけである。ところが、そのアプローチショットがチップイン！　師匠は「思わず鳥肌が立った」という。しかし――。

「そこからは完全に歯車が狂った。スコアを計算し始めたからです。ゴルフでは、最悪の事態だけでなく、スーパーショットも想定しておかないとダメだということを痛感しましたね」

ゴルフは何が起きるかわからないとはよくいわれるけれど、そのなかには自分のスーパーショットも含まれるということである。そういえば、プロのトーナメントではホールインワンした選手が優勝することはめったにない。これも〝想定外のスーパーショット〟に当の選手の心が乱れてしまったから、なのかもしれない。

出だしの3ホールは「守りながら攻める」べし

「スタートホールが得意」という人がいたら、ぜひお目にかかって、その秘訣を聞きたいものだと常々思っている。

私の場合、スタートホールにおけるティーショットのフェアウエイキープ率は2割程度。グリーン上では3回に1回は3パットをやらかす。仮にスタートホールがすべてパー4だとすると、10回やって、バーディー0、パー3回、ボギー4回、ダボ2回、トリ1回というところ。これで計算してみると平均スコアは5・1で、たしかにそんなところだろうと思うのである。さすがに最近は、スタートホールでボギーやダボを叩いても、あまりガッカリしなくなったけれど、それでも「あ〜あ、またか」というため息が漏れるのは禁じえない。

なぜ、スタートホールのスコアが悪いのかと自問自答してみると、ひとつは調子がいいときの「入れ込みすぎ」、もうひとつは不調時の「どうせボギーかダボだろ」という「諦め」などが原因としてあげられそうだ。「どうせボギー」というマイナス思考は、ゴルフではだいたいその通りになる。

しかし、最大の理由は、「打ってみないとどうなるかわからない」という「不安」にあるような気がする。そこで「なるようにしかならない」と開き直ることができればいいのだが、いいショットをしたいという「欲」だけはあるため、不安と欲による〝ダブル効果〟でいよいよドライバーが曲がったり、パットをビビったり、極端にオーバーさせてしまったりするのである。たまにはスタートホールでバーディーを取ってみたいと思っているのだが、そんな経験は、これまでのゴルフ人生のなかで数えるほどしかない。

もっとも、スタートホールが苦手なのは私だけのはずはなく、たとえば中部銀次郎氏も、スタートホールのティーショットが「いちばん胸騒ぎがする」といっている（『新ゴルフの心』講談社）。理由は「その日最初に打つショットというのは自信よりも不安のほうが先立つ」から。「まだ成功の体験も失敗の経験もしていないから、脳ミソが作動しない」というのである。

そういう状態で、朝イチのショットがトラブルに見舞われると、脳はますます混乱状態になって、最悪の場合、その日のラウンドが台無しになることもある。だから、中部氏は、朝イチのショットは「100ヤードでも150ヤードでもいいから、真っ直ぐ前へさえ飛んでくれればいいと思って打ちます。見栄も欲も捨てて。とにかく、大トラブルにだけは遭いたくない。

パーなら上々、ボギーでも納得、だけどダブルボギーだけは出したくない」というのが本音だという。

日本アマを6回も制したゴルファーでさえそうなのだから、私ごときが朝イチショットに「不安」を覚えるのは当然すぎるほど当然というべきか。さらに私の場合は、不安だけでなく見栄と欲まで同居しているのだから、これではミスしないほうが不思議なくらいだ。

これからは、スタートホールでは、とにかくボールが前にさえ飛べばいいと思って気楽にスイングすることにしよう。また、その結果、ダボやトリプルを叩いたとしても、まだ17ホールもあるのだから、気落ちすることもないと言い聞かせよう。

そういえば、一度だけ、ホームコースの1番でトリプルを叩いたにもかかわらず、その後は踏んばって、1バーディー、2ボギーの40で回ったことがある。あのときは、2番ですぐにバーディーが来て、一気に気持ちが上向きになったのが大きかった。あのときのラウンドを思い出せば、スタートホールのミスも「まあ、そんなもの」と思えそうではないか。

スタートホールでのミスやスコアの話ばかりしてきたが、スタートホールから始まる3ホールには、もっと大切な意味があると伊藤プロはいう。それは、その日のショットやパッティングの調子を見るということである。

「最初の3ホールでのパッティングは、基本的に〝ジャストタッチ・ジャストイン〟。つまり

〝ジャストタッチ〟という守りの心と、〝ジャストイン〟という攻めの心の二つをミックスして進めます。最初の3ホールはどうしても守りたくなるものですが、守りの心だけだと、慎重になりすぎて大ショートというケースが多い。だから、守りつつ攻める。で、そこで自分のタッチがその日のグリーンに合っていることがわかれば、たとえば『今日は15ヤードまでのパットなら狙える』と攻めの心にウエイトを置きます。ショットも同じ。とくにセカンドでのアイアンショットの飛距離や球筋をみれば、〝その日の真っ直ぐ〟や〝その日の自分の飛距離〟がわかる。あとは、身体の温まり具合を加味して、4ホール目以降の攻め方を考える。ともかく最初の3ホールは、様子をみながら4ホール目以降の攻め方を考えるという意識が大切なんです」

ゴルフはその日によって調子がガラリと変わる。最初の3ホールは、ウォーミングアップのためだけにあるのではなく、〝その日の自分〟を診断するためのホールでもあるのだ。

ミスをした自分に寛大であること

「他人には優しく、自分には厳しい」人は、サラリーマン社会では上司の鑑《かがみ》。たいてい仕事のできる人格者だと思われている。しかし、ことゴルフのラウンド中は、「他人にも自分にも優しい」ほうがいい。なぜなら、ラウンド中「自分に厳しい」と、ゴルフにならなくなるからである。

ミスショットが出れば、誰しも自分を責めたくなる。かくいう私も、仕事では自分に甘いくせに、ことゴルフになると、とたんに「自分に厳しく」なるクチで、たとえばボールはフェアウエイのど真ん中の平らなライにあり、グリーンまで100ヤードなんてセカンドショットをダフッたりしてしまうと、ゴルフをやめてしまいたくなるほど自分に呆《あき》れる。そして、「バカ!」「下手クソ!」「何回同じミスすりゃ気がすむんだ!?」と、情けないほどボキャ貧な罵詈《ばり》雑言《ぞうごん》を自分に浴びせてしまう(心の中で、です)。

が、これがよくない。一度、自分(自分A)を責めるもうひとりの自分(自分B)を活気づかせてしまうと、自分Bは、以後、ずっとでしゃばり続けるからだ。パットで自分Aがラインを読み始めると、自分Bがしゃしゃり出てきて、「どうせラインなんか正しく読めないくせに」とか、「オマエは学習能力がないから、どうせまたショートさ」とか毒づく。前と同じ100ヤードのアプローチショットを打とうとすると、悪魔のようにふっと姿をあらわし、自分Aの耳元で「オマエのことだから、またきっと同じミスをするに違いない」とささやくのだ。

これではゴルフにならない。ゴルフは自分一人で行うゲームだが、自分が二つの人格に分裂して、片方がもう片方を罵っている状態では、スムーズなスイングもパッティングもできるはずがないではないか。

そもそもの話、私の技量では、ミスショットが出ないほうが不思議なのである。出て当然のミスショットに対して、「バカ」だの「下手クソ」だのいうのは、まだ足し算しかできない小学生に「分数の掛け算ができないなんて、オマエは頭が悪いね」と言っているようなものではないか。これでは、その小学生は萎縮してしまうだけだ。

それでも、ついつい自分を責めてしまうのは、何のことはない、私が自分の技量を過信しているからに他ならない。

「ミスショットすると『アレ？』とか『おかしい』とか、首をひねる人がよくいるでしょ。でも、私から見れば、ちっとも『おかしくない』。その人の技量からすれば出るべくして出たミスショットというだけの話なんだから」

と伊藤プロ。「出るべくして出たミスショット」に首をひねるということは、別な言い方をすれば、「自分はもっと上手いはずだ」と思っているということである。つまり、自惚れているのだ。

伊藤プロの師匠格にあたる青木功プロは、ミスショットが出るとよく「しゃんめえ」と呟いたという。「しゃんめえ」とは青木プロの出身地である我孫子の方言で、「仕方がない」という意味。つまり、ミスショットのあとの「しゃんめえ」は、「ミスショットしたのは仕方がない」ということである。これには、「やってしまったことは仕方がない」という意味と、「ゴルフにはミスショットがつきものだから仕方がない」という二つの意味があると思う。

〝世界の青木〟でさえ「ミスショットは仕方がない」と諦めるのだ。私のようなヘボゴルファーが自分のミスショットにいちいち腹を立てるのは、ちゃんちゃらおかしいではないか。

とはいえ――。私たちはお釈迦さまでもキリストさまでもないから、やはりミスをした自分に腹を立てるのはやむをえないと思う。問題は、いかにして早く気持ちを切り換えるか、だ。

たとえばタイガー・ウッズは、ミスをしたときは、五秒間だけ自分に怒りをぶつけるという。そしてその〝怒りタイム〟が終わると、何事もなかったかのように次のプレイに集中する。また、ある選手は、あるホールでボギーを叩くと、次のホールに向かう途中でかならず靴紐を縛りなおすという。この〝動作の一時停止〟が怒りを鎮め、次のティーショットへの集中力を高めてくれるというわけだ。

「とにかく怒ったり、アドレナリンが出てしまうのは、ゴルファーにとって損なのです。損なことは絶対にしてはダメ。そのためには、ミスした自分を許してやることです。たとえダボでも、もう1回ミスをすれば、トリプルになったかもしれない。そう思えば、『ダボで済んでよかった』という感謝の気持ちだって生まれてくるのでは?」

伊藤プロにそう言われて、私はレイモンド・チャンドラーの名セリフを思い出した。「タフじゃなければ生きていけない。優しくなければ生きる資格がない」。「生きる」を「ゴルフをする」に置き換えれば、「タフじゃなければゴルフはできない。優しくなければゴルフをする資格がない」となる。

フィリップ・マーローのようなゴルファーに、私はなりたい。

ナイスショットの後が肝心

ゴルフでは「ゾーンに入る」という言い方をよくする。ショットは次々にピンにからみ、パットはポンポン入る。そんなときのゴルファーは、周囲の雑音が一切耳に入らないという。まさにゴルフの神様が乗り移ったかのような状態。それが「ゾーンに入る」の意味だ。

残念ながら、私はそういう経験が一度もないけれど、プロやアマ上級者には、年に何回かそういうラウンドがあるらしい。彼らは、出だしは不調でも、あるホールで超ロングパットが決まったり、難易度の高いリカバリーショットがチップインしたりすると、それをきっかけに「ゾーンに入って」いけることがあるのだ。

私だって、年に何回かはタイガーもかくやというような神がかり的なチップインや、100回打っても1回しか入らないような超ロングパットが決まることはある。しかし、それでも「ゾーンに入って」いけない。なぜか？

もちろん技量不足といってしまえばそれまでだが、そこにはやはりメンタルな理由もありそうなのである。

たとえば私の場合、ドライバーが会心の当たりをすると、思わず心の中で「よし!」と叫ぶ。ライバルを軽くオーバードライブしたときは「どうだ! 見たか!」と呟くことだってある。で、2打地点では、「絶対にいいところに乗せて、あわよくばバーディー、最悪でもパーは取ってやろう」と考える。

しかし、好事魔多し。「よし、チャンス!」と思ったときに限って、何でもないショートアイアンをミスしてしまう。ナイスショットのあとのミスショットは、ふつうのミスショットよりダメージが大きいもので、一気に意気消沈する。これでは乗っていけるはずもない。

その理由をあらためて考えてみたところ、思い当たったのは「浮かれすぎ」ということだった。「よし!」「どうだ!」と思った瞬間に、すでに私の心は冷静さを失っている。こんな浮足だった状態では、ナイスショットなど望むべくもない。

そこで、ある時期、私はナイスショットをしても、喜ばないことを自分に課したことがある。例の自分Bを登場させて、「調子に乗るなよ」と自分に言い聞かせるのだ。

しかし、この方法もうまくいかなかった。第一に、ゴルフが面白くない。第二に、次のショットが慎重になりすぎてミスということが多い。そうなると、自分Bは、いつもの悪意ある自分Bに戻って、私を腐しだすのだ。

「しめしめ」と思ってもイケナイし、自重しすぎてもイケナイ。いったい、どうすればいいのか？

伊藤プロに聞いてみると、ナイスショットのあと、自分に囁《ささや》くのは、「まずまずだな」とか「結構やるじゃないか」くらいの〝ほどほどのほめ言葉〟にとどめておくのがいいという。まあ、なかには「オマエは天才だよ！」と最大級の賛辞を送ることで、一気に乗っていけるゴルファーもいるだろうが、それは「ゾーンに入る」ことができるプロかほんとうの上級者だけだろう。アベレージから並みのシングルまでのゴルファーは、とにかくひとつひとつのプレーに一喜一憂しないことが肝心で、そのためには〝ほどほどのほめ言葉〟がちょうどいいのだ。

さらに伊藤プロは、こんなことも言う。

「ナイスショットしたときには、喜ぶより、もっと大切なことがある。それは、そのショットをあらゆる感覚を総動員させて、しっかりと記憶しておくということです。細かな技術的なことではなく、①どんな気持ちでアドレスに入ったか、②セットアップはどうだったか、③ターゲットへの意識はどうだったか、④力の入れ具合はどうだったか、⑤フィニッシュはどんな風だったかなどの〝感じ〟を、インパクトしたときの手応えとともに、脳に刻みこんでおく。そういう作業を通して初めてナイスショットの再現性が高まるんです」

私たちは、ナイスショットをしても、250ヤード飛んだとか、ピンそばに乗ったなど、

〝結果〟しか記憶していないことが多い。その〝結果〟を思い出して悦に入ることはできるけれど、せっかくの（めったにない）ナイスショットなのだから、そこから吸収できるものはすべて吸収しておかなければ損だということである。

ミスショットした後、「こんな風にスイングすべきだった」と思いながら、その場で素振りをする人は多い。しかし、ナイスショットの後は、気持ちがただちに第2打やパッティングに行ってしまい、その場で素振りをする人はめったにいない。これがじつにもったいない話であることはすでにおわかりだろう。

ナイスショットの後こそ、その〝感じ〟を記憶しておくための素振りをしたほうがいい。さらに、ラウンド後の練習でその〝感じ〟を再現しようとしたり、帰宅後、部屋のなかでその〝感じ〟を再現するようなつもりでシャドースイングするという方法だってある。

ゴルフの上手い人とは、そういう記憶をたくさん蓄積しており、なおかついつでもそれが引き出せる人ともいえる。伊藤プロも常々「ゴルフは記憶のゲーム」といっている。ナイスショットの記憶はゴルファーにとって、かけがえのない財産。ちゃんとメンテをして、いつでも使えるようにしておきたい。

〝待ちチョロ〟しないために

ある日のホームコースでの後半のラウンド。前の組は三十分以上前にスタートしたはずだが、5ホール目のロングホールで追いついてしまった。

前の組はティーショットを打ちおえて2打地点へと向かうところだった。グリーンは空いていた。明らかに前の組はプレイが遅いのだ。案の定、彼らはセルフプレイだった。カートが止まって、いちばん飛んでいないプレイヤーA氏がボールのところに向かった。と、私といっしょに回っていたUさんが思わず声を上げた。

「おいおい、なんでクラブ持っていかないの！」

そう、A氏はクラブを持たないで、カートとは反対側の右のラフにあるボールのところに向かったのである。で、ボールを確認すると、カートへとUターン。1本のクラブを抜き取ると、再びボールのところまでのこのこと歩き、ようやく2打目を打ちおえた。その間の所要時間は二分というところ。今度はそこから第3打地点に向かって歩き始めるのかと思いきや、彼はカートに戻っていくではないか。

つまり、A氏が打つ間、他の三人はみなカートに乗って彼のことを待っていたのだ！ そして、次に二番目に飛んでいないB氏のところでカートは停止し、他の三人はB氏のショットを見守っている……。

なんという段取りの悪さだろう。こんな調子では、ハーフ三時間かかったとしても不思議ではない。

「ひどいねぇ～」

「マーシャル呼ぼうか」

と、私たちは口々に前の組のスロープレイを呪いはじめる――。

こんなときである、決まって〝待ちチョロ〟が出るのは。

〝待ちチョロ〟とは、コースが渋滞しているなど、何らかの理由で打つのを待たされると、いざ自分の番が来たときチョロすることが多いという、多くのゴルファーの経験則から生まれた言葉だ。

なぜ、チョロするのかといえば、理由はいうまでもない。待たされていることで生じるイライラ、なまじ時間があるために頭をよぎるさまざまな妄想、その妄想に支配されたやらずもがなの素振り、などのせいで、力んだり、スイングが速くなってしまう。それが〝待ちチョロ〟の原因である。

どうすれば〝待ちチョロ〟しないですむのか？

ホームコース所属のOプロいわく、「ボールから離れて、次のショットのことは考えないこと。まわりの景色でも見てるのがいちばんです。ティーグランドで待たされているときは、今か今かと前の組が終わるのを見ているのではなく、同伴プレイヤーとゴルフとは関係のない話でもしてたほうがいい。そして自分の番が来たら、さっと気持ちを切り換えて、初めてショットに集中するのです。みんなで文句を言いあっていると、だんだん怒りの感情がわいてきて、ろくなことになりませんよ」

そういえば、アメリカのPGA中継を見ていると、ショートホールでは選手が二十〜三十分も待たされることが珍しくない（日本のトーナメント中継はたいてい録画だから、こういう待ち時間は編集でカットされている）。その間、選手は何をやっているのかといえば、たとえばタイガー・ウッズはキャディバッグに腰掛けて、他の選手と談笑していたことがあった。タイガーのことだからたぶん優勝争いをしていたはずだが、そうとは思えないほどリラックスしているように見えたことを覚えている。

「私は、行列している店は、どんなに美味しいとわかっていても絶対に行かない。それくらい〝待つ〟ことが大嫌いなんですが、ゴルフで待たされることは平気です。だって〝待つのもゴルフ〟なんだから」

と伊藤プロ。

まあ、プロゴルファーたるもの、コースが渋滞している程度の理由でいちいちペースを乱されていては、それこそメシが食えないというわけなのだろう。「待つのもゴルフ」。私も早くそうした境地に達したいとは思うのである。

しかしですね、〝自然渋滞〟ならともかく、最初に書いたような超ダンドリの悪い、超スロープレイの組のあとについてしまった日は、ホールアウトするまで、彼らの後ろ姿をずっと見つづけていなければならないわけで、これでは腹を立てるなというほうが無理なのではあるまいか。

スロープレイや段取りの悪さは、ゴルフの技量とはまったく関係がない、ひとえにマナーと要領の問題である。読者のみなさんも、何打打とうがかまいません。とにかくムダな動きを極力省いて、前の組とは間隔を空けすぎないようにすること。

もちろん、1番スタートの組なら、ハーフ二時間以内で回ること。すべてのゴルファーがこのマナーを遵守すれば、コースの渋滞は原理的にはなくなるはずなのだが……。

上級者、ヘボ、マナー知らずとラウンドするときの留意点

ホームコースを一人で回ったことがある。寝坊していつもより一時間遅くコースに到着したところ、フリーでやってきたメンバーはすでに全員スタートしてしまっており、相手がいなかったのである。

練習ラウンドのつもりでいろいろなアプローチを試してみようとか、あえて苦手なライから打ってみようとか、それなりに楽しめると思ってスタートしたのだが、やってみるとこれが全

トをしても一人」という尾崎放哉《ほうさい》の俳句があるけれど、「ナイスショット」をしても一人」というのも、じつに寂しいものであることを実感した私だった。

というわけで、あれ以来、私は誰であれいっしょにラウンドしていただける人がいるだけで幸せという境地に達したはずだったのだが、先日、やはり自分は凡人であることを痛感してしまった。

それは、とあるダブルスの試合（二人のスコアのうち、いいほうをそのホールのスコアとして採用する方式）でのことだった。

私のパートナーは、学生時代の先輩I氏である。一昨年、この大会に初めて出場したときの私のハンデは16だったが、このときはI氏（当時ハンデ19）と奇跡的にスコアが嚙み合って、39－39（私自身のスコアは45－39）で回った。順位は真ん中より少し上で、決勝ラウンドに進むためには、あと4打足りなかった。今回は、その雪辱のつもりだった。

ところが、結果は惨憺《さんたん》たるものだった。ひどい雨が降っていたが、そのせいではない。言いたかないがいっしょに回ったチームのマナーが最悪だったからだ。

二十代のピアスをしたイマ風の若者二人組だった。ロングソックスしか認められていないはずのコースだったが、ショートソックスを履いていた。まあカッコはどうでもいい。とにかくプレイが遅いのである。

とくにパッティング。プロのトーナメントでは、優勝争いをしているゴルファーが勝負の行方を左右するような重要なパッティングをしようとしているとき、解説者が「ここはどれだけ時間をかけてもいいですね」と言うことがあるけれど、毎ホールそういうパッティングをしていると思っていただければよろしい。当然、前の組と間隔が空きだす。私には、これがいちばん耐えられない。

完全に1ホール空いたところで、「ちょっと急ごうか」と、私にしては少し怒気のこもった言い方をしたつもりだった。が、柳に風。彼らは、自分たちのペースをまったく変えようとしない。前半が終わって、クラブハウスに戻ろうとしているとき、兄貴分格のほうが大会関係者を見つけると、さも親しげに、「もう中止にしようよ。こんな天気じゃゴルフにならない」とほざく。呆れた。

そして、昼休みの食堂で、とうとう私はキレましたね。例の兄貴分格のほうが、我々が隣で食事をしている間中、ず〜っと携帯電話をかけ続けていたのだ。これはもうゴルフのマナー以前の問題ではないか！

後半はよほど棄権しようと思ったくらいだが、我慢した。結果、我々はダブルスというのに89も叩き、彼らはたしか5オーバーくらいで予選を通過した……。

という話を、後日、興奮気味に伊藤プロにしたら、師匠はこう言った。

「携帯電話の話はともかく、スロープレイの選手とラウンドするなんて、しょっちゅうですよ。アジアンツアーを回っていた頃、とっくに予選落ちが決まっている選手が、アプローチを歩測したり、パッティングにえらく時間をかけたりして、キレそうになったこともあります。でもね、それもゴルフなんです。『待つのもゴルフ』と同じで、『マナー知らずとプレイするのもゴルフ』。そして『怒りをこらえるのもゴルフ』。キレてしまったら、損をするのは自分です。何が起ころうとも、自分が損することは絶対にしないと心に決めてスタートすることです」

なるほど。これは、人格者たれ、という意味ではない（いや、少しはあるかもしれない）。自分のために何がプラスかを考えれば、自ずとそう考えざるをえないという話なのだ（ちなみに、昼休みも含めて試合中の携帯電話は、第三者からアドバイスを受けていると疑われる場合もあるので、やるべきではないと伊藤プロはいう）。

では、上級者や自分より技量が落ちる人とラウンドするときは、どんな心づもりが大切なのか？

「上級者はたいてい飛びますから、自分が常に最初にセカンドショットを打つということをスタート前から心づもりしておくこと。そして、早くそのリズムに慣れること。相手が飛ばし屋でも、自分は自分。絶対に力んじゃダメ」

「上手い人と回ると、下手なほうが〝ギャラリーになる〟っていいますよね」

「試合ならギャラリーになってはダメですが、ふつうのラウンドなら、ギャラリーになって、相手のいいところを盗めばいいじゃないですか」

「では、自分より明らかに技量の落ちる人と回るときは？」

「ふつうのラウンドなら、できるだけオナーを守ること。これはプライドの問題というより、ティーショットは最初に打つほうが自分のペースでラウンドできるからです。技量の低い人は、ティーショットでとんでもないミスショットが出てしまうものですが、オナーならそういう〝目の毒〟になるものを見なくてすむ。あ、もちろん私は見ても平気ですけど」

「では試合の場合は？」

「どんな相手であれ、つねに敬意を持っていること。相手がナイスショットをしたら、ちゃんと『ナイスショット！』と声をかける。そして、自分もいいショットをしようと奮起する。そういう気持ちがないと、たとえばマッチプレイのとき、相手が10メートル以上のパットを決めたり、奇跡的なリカバリーショットを成功させたりしたとき、自分がショックを受けて、簡単なショートパットを外したりする。つまり、相手のプレイに敬意を持つということは、自分が動揺しないよう、〈彼はきっとこの長いパットを入れてくるだろう〉〈彼はこの難しいアプローチを成功させるだろう〉と考えること。つまりは、これも自分が損しないための心構えというわけです」

ゴルフのマナーとは、基本的には他人に迷惑をかけないための心構えなわけだが、じつは自分が損しないための知恵でもあるということだろう。みながスロープレイに注意すれば、みなが快適にラウンドできるし、みながバンカーをきちんと直せば、みなが気持ちよくバンカーショットができる。ゴルフというゲームは、そういうふうに出来ているのである。

強風や大雨を「克服」しようとしない

予約なしでコースに出かけるとき、わざわざ雨の日を選ぶというゴルファーはめったにいないはずだ。かくいう私も、コースに出かけるときは天気予報をチェックし、晴れそうな日を選んでラウンドしている。フリーの身ゆえの特権であり、会社勤めのメンバーや友人からはよくうらやましがられるけれど、月例会やコンペなど、あらかじめ日程が決まっているラウンドはもちろんそういうわけにはいかない。当然、靴のなかがビショビショになるような大雨の日もあれば、立っていられないほどの強風の日もある。

正直、私は荒天のラウンドは気が滅入る。スコアも、ふだんより確実に2〜3打、10メートル近い風が吹いたときは5打以上悪くなる。日頃から晴天の日ばかりを選んでラウンドしてきたツケというほかはない。

ところが、世の中には荒天のラウンドが好き、という奇特なゴルファーもいる。たとえばホームコースの先輩K氏である。

六十四歳のK氏はハンデ6の腕前で、ドライバーの飛距離はキャリーで230～240ヤードというところ。私が芯を外せば、簡単にオーバードライブされてしまう。年齢を考えれば、かなりの飛ばし屋である。私はいつもハーフ2枚もらって勝負しているが、3回、いや4回に1回くらいしか勝てない。

得意技は「自称ミスパットを入れる」。たとえばK氏が3メートルのパーパットを打つ。インパクトしてすぐ「あ、しまった！」と言って歩きだす。ところが、ボールはカップイン。K氏によれば、芯を外したり、思ったラインにボールを出せなかったのだから、これは明らかにミスパットであり、「入ったのはたまたま」ということになる。こういうケースがラウンド中2回はあり、その度に私は糠《ぬか》喜びさせられる。そして、そのあと私は決まって1メートル前後のパーパットを外す……。

そんな狸《たぬき》オヤジが言うことには、

「風の日は、ボールがどこに飛んでいくかわからないから面白いじゃないの。雨の日は、グリーンがやさしくなるからけっこういいスコアが出て、楽しいじゃないの。そういえば、正月に箱根でゴルフをしたときは、ホントに面白かったねぇ。フェアウエイもグリーンもカチンカチンに凍ってて、ボールがどれだけ転がるか予想がつかない。いやあ楽しいったらなかった」

まあ週に3回もラウンドしているような人は、ふつうの条件下のゴルフには慣れっこになっていてちっとも面白くないのかもしれない。彼が苦手なのは、暑さだけなのだ。とはいえ、私はK氏の言うことには一理あると思うのだ。

ひとことでいえば「究極のポジティブ思考」ということになるだろうか。彼は、誰もがイヤだと思う条件のなかから、無理やりにでも面白さを見つけ出し、それを目一杯拡大して楽しもうとしているのだ。これもまた、伊藤プロのいう「自分にとって損にならない考え方」といえるのではないか。

ボビー・ジョーンズはこう言っている。

（荒天のとき自暴自棄になるゴルファーは）自分の実力をちょっと越えたプレーをしようとする誘惑にかられる。たとえば、いつもより強く打ったり、いつもよりボールをコントロールしようとする。ショットの性格と方向を決めるにあたって考慮すべき状況は別として、このような天候などの要因を無視してプレーすれば最善の結果が得られるということを理解するには、かなりの経験が必要だ。つまり、こうした要因を克服すべき障害として見なすと、それは実際、プレーヤーにとって非常に強力な敵となってしまうのだ。

（前掲書）

つまり、荒天に負けまいとして、ふだんと違ったプレイをしようとすると、自然はゴルファーの大敵になるということである。向かい風のときはティーを低くするとか、パンチショットを多用するなど、プロはさまざまなテクニックを駆使するけれど、アマチュアレベルでそうしたテクニックを自在に操れる人はめったにいまい。

であれば、私たちが持つべき心構えは、「雨や風の日は、特に力まないこと。プレーはいつも70、80％の力で。バックスイングはコンパクトに」（岡本綾子『ゴルフここを知ったら』青春出版社）という程度でいいのではないか。

よく「ゴルフは自然との戦い」だといわれる。しかし、「戦い」という言葉は不遜である。「戦い」だとすれば、その目的は「勝利」しかないが、人間が自然に「戦い」を挑んだところで勝てるはずがないからである。

「大雨が予想されるときは、グローブを多めに用意し、雨水がしみてきても大丈夫なようにラップでくるんでおく。ショットのときは、グリップをよく拭くのはもちろん、クラブフェイスも拭いておく。フェイスが濡れていると、ボールが右にすっぽ抜けることがあります。雨で気温が下がりそうなときは、昼休みに着替えられるように着替えも多めに準備しておく。下半身が冷えると、確実にスイングに影響します」

と伊藤プロ。この他にも、前日にグリップの部分を中性洗剤で洗っておくのも効果的だという。グリップには手の油や汚れが付着しているが、雨でグリップが濡れるとこの油と汚れが浮きでてきて、滑りやすくなるからだ。だから、当日は、スタート前に石鹸で手もしっかり洗っておく。

そう、私たちにできるのは自然と「戦う」ことではなく、自然とうまくやるための「準備」なのだ。そういう準備もしないで、ただ「雨はイヤだねえ」と言っているようでは、雨のラウンドを楽しむことも、そこそこのスコアで上がることもできるはずがないではないか。

「悪天候のときやトラブルショットを打たなければならないときなど、厳しい条件下では、〝この状況のなかで、自分なりのナイスショットとは何か〟を考えること。世界の一流プロならどう打つか、なんてことを考えてはダメ。いい意味での諦めが必要なのです」(伊藤プロ)

スコアメイクのためのスコアについての考え方

「コンフォート・ゾーン」という言葉をご存じだろうか。

直訳すれば「心地よい範囲」という意味で、たとえば平均スコアが100の人なら、95〜105くらいが「コンフォート・ゾーン」になる。その日のスコアがこの範囲内に納まりそうなとき、そのゴルファーは「心地よく」プレイできる。しかし、スコアがコンフォート・ゾーンから離れる、つまり105をオーバーしそうになったり、95が切れそうだとなると、ディスコンフォート、つまり心が乱れて、ふだんのプレイができなくなるのだ。

もちろん、前半55も叩いたときは、発奮して後半を45で回り帳尻を合わせるということもある。この場合は、コンフォート・ゾーンがプラスに働いたわけだが、これとは逆に、前半を45で回ると、後半は55というケースも多いことはみなさんご存じのとおり。で、これもまたコンフォート・ゾーンの仕業なのである。

前半がいいと後半がダメになる理由として、よくいわれるのは「プレッシャー」である。たしかに、最後のホールをパーであがればベストスコアというとき、プレッシャーに襲われないゴルファーはまずいないだろう。

ベン・ホーガンもこう言っている。

単刀直入にいえば、ゴルファー氏にとって、純粋にリラックスすることは達成不可能なことであり、そうしようなどと願ってはいけないことを認識すると、ことは簡単になる。コースに出てプレーするとき、いくぶん緊張するのは決して悪いことではない。いや、むしろ緊張すべきだ。そのほうが自然なのである。

（『モダン・ゴルフ』）

俗に言う「プレッシャーを楽しむ」という心境といえるだろうか。ところが、アベレージゴルファーは「緊張して当たり前」だと開き直ることができない。いや、スポーツ心理学が教えるところによれば、後半のスコアが悪いのは、じつはプレイヤー自らが望んだ結果ともいえるのだ。

なぜなら、前半、調子がよかったゴルファーは、「これは私の本当の実力ではない。たまたまの出来事であり、いずれいつものスコアで終わるはずだ」と考える傾向があるからだ。本人がマイナス思考すれば、まずその通りになるのがゴルフ。そして、実際に100で終わると、「やっぱりこれが自分の実力か」と落胆しつつも、自分のコンフォート・ゾーンに戻ってきたことにどこか安心していたりする。まあべつな言い方をすれば「負け犬根性」ということになるだろうか。長年（?）、平均スコア100でやってきたゴルファーは、突然、90台前半なんてスコアが現実のものになりそうになると、「私にはもったいない」といって、そのプレゼントを受け取ろうとしないのである。

しかし、こんなことでは、いつまでたってもベストスコアの更新など不可能であることはいうまでもない。

では、どうすればコンフォート・ゾーンから脱却できるか？

消極的な対策としては、スコアを計算しない、という方法がある。

「学生時代、日本アマに出場したときのことです。初日はパットが絶好調で、4ホールを残して4アンダーまで伸ばしていた。しかし、そこで売店に入ったのがいけなかった。後ろから来た組の友人が、『おい、伊藤、いまぶっちぎりのトップだぞ』と教えてくれたのです。その瞬間、私の頭には『無名の伊藤、初日飛び出す』なんて翌日の朝刊の見出しが浮かんできちゃった。こうなるとダメです。残り4ホールは、ボギー、ボギー、パー、ボギーで、1アンダー。それでもトップタイでしたけど……」

このときの伊藤プロは、スコアではなく、順位を知って乱れてしまったわけだが、プロでも、最終日のスコアボードは見ないという人は少なくない。やはり、自分が首位だとわかれば、誰でも少なからず緊張してしまうのだ。

もっとも、「スコアを計算するな」とはいっても、80台前半で回るゴルファーは、スコアカードにスコアを記入せずとも、自分がいま何オーバーかはわかっている人は多いはずだ。私もかろうじて、自分のスコアがわかってしまう一人だが、その結果これまで何度「80の壁」に遮られてきたことか。「残り3ホールを3オーバーなら……」「最後のホールがボギーでも……」というケースはざっと数えて7〜8回はあったけれど、その通りになったのは、たったの1回なのだ。

つい先日も、前半を37で回ったのに、後半は44。OBとかならまだ許せるが、最後の5ホールがすべて〝寄らず入らず〟のダラダラボギーという締まりのないゴルフだった。

こういうときの自分を振り返ってみると、慎重になりすぎてミスをしたか、緊張すまいとしすぎて気合の入らないゴルフをしてしまったか、のいずれかだったことに気づく。

「そういうときは、もっと自分を盛り上げたほうがいい。実際、練習も重ねて、実力もついてきているから80が切れそうなところまできているわけです。へんに自重したり謙遜したりせず、自信をもってプレイすること。そして、何といっても大切なのがルーティンをきっちり守ることに集中することです」

と師匠。

「そして、ベストスコアが出たら素直に喜び、ひとつ階段を上がった自分を評価してください。ただし、『絶好調は不調の始まり』だということは忘れずに!」

ああそうだった。70台を出して、はや一年以上。私はいまだ不調のなかにいる。

しかし、伊藤プロは「絶不調は好調の始まり」だともいう。絶不調から不調へ、そして好調へ。いま私は、確実にその大きな流れのなかにいる(と思いたい)。

第五章 〝パットの女神〟を味方につける

パットはつねにカップインを狙うべし

まだ90～95のスコアで回っていた三十代から四十代前半まで、ゴルフにおける最大の歓《よろこ》びは、飛ばすことだった。ドライバーはいつもマン振り（今もそう言われる……）。で、たまたま芯を食うと、当時の私は270～280ヤード飛んだ。ラウンド中、そういうショットが1回でもあれば、私は満ち足りて家路につくことができた。

パットについては「入るときは入る、入らないときは入らない」くらいにしか思っていなかった。だから、とくにパットに悩むということもなかった。思えば、シアワセな日々であった。

いま、ゴルフにおける最大の歓びは、4～5メートルのパットが入ったとき、である。これがバーディーパットなら、天にも昇る気持ちになれる。ドライバーが少々曲がろうが、アプローチが寄らなかろうが、パットさえ入ってくれれば、それまでの数々のミスを私は忘れることができる。

反対に、どんなにショットが冴えていても、パットが入らないラウンドは、パット数に比例してため息が増えてくる。3パットをきっかけに、ショットまでガタガタになることもざらだ。私のこの一年間の平均パット数が34〜35だと聞けば、さもありなんと思われる人も多いだろう。これをなんとかしてあと2〜3打減らしたいというのが目下の大きな課題のひとつなのだが、3回に1回はハーフで20パットなんて日もあるのだから我ながら情けない。というわけで、いま、パッティングについての悩みは海よりも深い。

それでも、そんな私が、最近、伊藤プロの話を聞いて、ひとつ目を開かされたことがある。それは、「パットはつねにカップインを狙うべし」という教えである。

「よく〝カップをバケツだと思って打て〟といいますが、そんなふうに考えては、カップインどころか、ＯＫにも寄せられない。カップインを狙っているからこそ、集中力も生まれるし、結果として、入らないまでも寄るのです」

カップインを狙わないと寄せることもできない——。

ここであらためて、「狙う」とはどういうことか考えてみたい。

カナダの大学でこんな実験が行われたことがある。パットの上手い人と下手な人を集め、彼らに超小型カメラを搭載したヘルメットを被ってもらい、パッティングの際、どこを見ているかを調べるという実験である。

それによれば、パットの上手い人は、ボールがカップインするであろうカップの入口のわずか2~3ミリ幅のところを二~三秒凝視したあと、ボールに視線を戻してパッティングしていた。一方、パットの下手な人は、カップの周囲を一~二秒せわしなげに見回しているだけ。いつこうに焦点が定まらないまま、パッティングしていることがわかった。実験では、フラットでストレートなラインが使われたが、曲がるラインの場合は、パットの上手い人が凝視するポイントは、ブレイクポイント(ボールが曲がる頂点)であることもわかった。

射撃、アーチェリー、弓道、ボウリング、カーリング、ダーツ、ビリヤードなど、〝狙う〟スポーツは数多いけれど、オリンピックなどを見ればわかるように、一流といわれるようなアスリートは、みな鷹のような鋭い目で的の一点を〝凝視〟しているものだ。

無風状態の場合、〝狙う〟という行為においては、目から得た情報しか頼りになるものがない。その、目がキャッチした唯一の情報によって、脳は身体に「この程度の力で、あの方向に腕を振りなさい」などの命令を下すわけだ。的は漠然と眺めるものでなく、ぐっと〝凝視〟すべきもの。そうすることで初めて脳が動きだす。つまり、〝狙う〟ことが可能になるのである。

パットの名手が漠然とカップを眺めるのではなく、ボールが転がり込むであろうわずか2~3ミリ幅のポイントを〝凝視〟するのも、それによって、より正確なラインが見え、脳の中に「このくらいの強さで」というタッチのイメージがわいてくるからだろう。あとは、そのラインの上を的確なスピードで転がるボールをイメージしながらパターでボールを送り出してやればいい。

もちろんそれは簡単なことではない。けれども、まずは狙いどころを小さく絞り、そのポイントを凝視すること。私のようなパット下手は、打ち方以前に、まずは的を小さく絞るところから始める必要があるのである。

ロングパットは距離感、ショートパットは方向性のみに集中する

では、どうやって的を絞ればいいのか？

ゴルフのパッティングが他の〝狙う〟スポーツより難しいのは、的であるカップが微妙な傾斜のあるグリーン上にある、ということだろう。ゴルフのパッティングでは、たとえ狙ったところに正確にボールを打ち出し、なおかつ距離感がぴったりだったとしても、狙った場所が正しくなければ、カップインしない。いわゆる「ラインの読み違い」というやつである。

ならば、ラインさえ正確に読めればカップインするかといえば、もちろんそれも違う。狙った場所もラインも正しかったとしても、今度は距離感（タッチ）が合っていなければ、ショートしたりオーバーしたりする。

いや、ストロークの振り幅は合っていても、ボールをパターの芯でとらえていないと、ショートしたり、カップの手前で切れてしまったりするのだから、パッティングとはいよいよ一筋縄ではいかない。

このラインとタッチの関係がじつにもって微妙であることは、ゴルファーなら誰しもわかっている。たとえば、急な下りのスライス（フック）ラインでは、カップインするルートはひとつしかないことが多い。つまり、ラインの読みもタッチもどんぴしゃりじゃないと、手前で切れてしまったり、数メートルもオーバーしたりする。

しかし、上りのストレートなラインでは、少しくらいボールを強くヒットしても、ラインに乗りさえすれば、カップの向こう側の壁に当たってボールはカップインしてくれる可能性が高い。

また、微妙に曲がりそうなラインでは、ラインを浅めに読んでしっかり打つという打ち方もあれば、曲がり具合を多めに読んで、流し込むような打ち方もある。さらに、芝目、グリーンの刈り具合、午後になっての芝の伸び具合、雨・露・放水などによるグリーンの湿り具合、砂の混じり具合、グリーンの固さ、そしてときに風向きなどの要素も加わって、パッティングの方程式はますます難解になってくる。そして、私のようなパット下手の頭をいよいよ悩ませることになるのだ。

というわけで、ここでは半ば強引にパッティングの世界を整理してみたい。

「ロングパットは距離だけ、ショートパットは方向だけに集中せよ」というのは、青木功プロだ（『賢者のゴルフ』カッパブックス）。「『方向』と『距離』という二つを追い求めるから、集中力が分散してミスを招く」。そこで「ロングパットは距離感だけ、ショートパットは方向性だけ。それ以外は捨ててしまう。そうすれば集中しやすい」というのだ。これは複雑な三次方程式を、シンプルな一次方程式にしてしまうような発想というべきだろう。

たしかに、ロングパットを3パットしてしまうのは、ラインの読み違いより、大ショートしたり、パンチが入って大オーバーしたり、距離感が違いすぎたときのほうが多い。極端に曲がるラインでもない限り、距離感さえあっていれば、なんとか2パットで行けるのがロングパットで、それには大雑把《おおざっぱ》なラインを決めたら、あとは距離感だけに集中すればいいというわけである。

一方、ショートパットでは、距離感が合わないという人はまずいないはずだ。ショートパットを外すのは、カップの前後より、カップの左右というケースが圧倒的に多いことでもわかるように、方向性の間違いがショートパットを外す主な原因である。

方向が狂うのは、「結果がすぐに見えるショットだけに、頭が上がる、右肩が突っ込む、手首でコネる」など、パターのフェイスがスクエアにボールに当たらないからだ。あるいは、フェイスが目標に合わせきれていないという場合もある。そこで、スタンスをしっかり取り、構えをきっちりつくる。そして、フェイスを慎重に目標に合わせてからストロークする。つまり方向性が狂わないことだけに注意してストロークせよというわけである。

「ショートパットは、カップインの音を左耳で聞け」といわれるのも、そうすれば必然的に頭が動かなくなるからだ。

「頭というのは重さが6キロもあって、頭から首筋にかけての軸がパッティングの支点になる。これが動いては、正しいストロークなどできるはずがないのです」(伊藤プロ)

パッティングするときは、タイガー・ウッズの微動だにしないアドレスを思い出そう。あとは、自分を信じてストロークをするだけである。

ラインを読みすぎるなかれ

ボールがホールに転がりこむラインがはっきり見えない時には、パットが入らないと確信をもって言える。わたしは以前、このラインが、あたかも誰かが白いチョークで線を引いてくれたように時としてはっきり見える、と言ったことがある。このラインが見えた時には、少なくともホールをはずした覚えはない。

(ボビー・ジョーンズ『ゴルフの神髄』)

かつて〝打撃の神様〟といわれた川上哲治氏は「ボールが止まって見えた」との名言をはいたことがあるが、球聖ボビー・ジョーンズは「ラインが白いチョークで引いてあるかのごとく見えた」というのである。

なるほど草野球の選手が「ボールが止まって見える」ことはまずありえまい。さすが〝打撃の神様〟しか言えないセリフだと思うのだが、ゴルフのパッティングについてはそうではない。私のようなパット下手でも、ときに「ラインが白いチョークで引いてあるかのごとく」見えることがあるのだ。

問題は、そのラインの上を理想的なスピードでボールを転がすことができるかどうかだが、そういうストロークのやり方は後述するとして、では、どうすれば「白いチョークで引かれたライン」が見えるのか？

ラインを読むとき、たとえばスライスラインをフックラインに読み間違えることはめったにない（私はたまにある。しかし、こういう難しいラインは、私の実力ではストレートに狙って、僥倖《ぎょうこう》を待つしかないと思っている）。問題は、どれだけスライスするか、その切れ具合の読み方にある。

まず、グリーンの状態別にみたパットの切れ具合を表にしてみよう。

	〔思った以上に切れる〕	〔それほど切れない〕
※グリーンの固さ	固い	柔らかい
※グリーンの湿度	乾いている	湿っている
※グリーンの傾斜	下り	上り
※グリーンの刈り具合	短い	長い
※時間帯	午前	午後
※風	傾斜に沿った横風	傾斜に反対の横風

このなかで、もっとも切れ具合に影響を与えるのは、「グリーンの傾斜」であることはいうまでもない。では、「グリーンの傾斜」はどう読めばいいか？

アニカ・ソレンスタムをはじめ大方のプロは、曲がるラインはかならず「低い側（谷側）」から見る。たとえば下りのフックラインなら、まずカップの後ろからラインを読み、次にボールとカップを結んだ線を低い側（谷側）から見る。そして、最後にボールの後ろに戻って自分の決めたラインを最終確認したら、ブレイクポイント（曲がりの頂点）に向かってボールを打ち出すわけだ。

ここまでは実行している人も多いはずだが、ここでついやってしまうのが、「最後にカップを見る」という行為だ。せっかくブレイクポイントに向けてスタンスも決め、ストロークの方向も決まったというのに、さあこれからパッティングというときに、カップを見てしまうともういけない。脳はその瞬間、ターゲットをブレイクポイントよりカップ寄りに設定してしまう。下りのフックラインなら、最初に決めたラインより左側に打ち出すことになるのだ。結果、カップの手前でボールは左に切れてしまう。

こうした外し方のことを「アマチュア・ラインに外す」ということをご存じの人も多いだろう（反対に、思ったほど切れず、ボールがカップの右を通り抜けるのが「プロ・ラインに外す」だ）。

「アマチュア・ラインに外す」のは、ボールをしっかりヒットできないことも理由のひとつだが、ともかくカップに届く前にボールが切れてしまっては、その時点でカップインの可能性はゼロになる。こんなことではプロはゴルフで飯が食えない。だから、「アマチュア・ラインに外す」というわけである。

それはともかく、一度狙いをブレイクポイントに定めた以上、その時点でカップの存在は忘れることだ。そして、自分の決めたライン通りにボールが曲がることを信じてボールをヒットするしかないのである。

最後に、ラインの読み方について伊藤プロから重要なアドバイスをひとつ。

「ラインは読みすぎないこと。たとえば1・5メートルのストレートなラインも、打順が最後だったりして、ラインを読む時間がたっぷりあると、だんだん曲がるような気がしてくるのです。そうならないためにも、パッティングもショットのようにルーティン化して、余計な時間をかけないことが大切です」

「幽霊の正体見たり枯れ尾花」という川柳がある。「怖い、怖い」と思っていると、枯れたすすきの穂が幽霊に見えることもある。パッティングも同じ。慎重になりすぎると、あるはずのない傾斜や芝目が見えてくるのである。

パターの芯で打てたかどうか、察知できますか?

さて、いよいよパッティングにおけるストロークの方法についてである。

昔から「パッティングにはスタイルなし」などといわれる。たしかに、スタンスの幅、グリップの仕方、パターの長さなどはプロでも千差万別。パッティングについては、百人のゴルフアーがいれば、百通りのスタイルがあるといっていい。

しかし、どんなスタイルでも、カップインするパッティングには共通点があると伊藤プロはいう。それは、次の三つだ。

1　ラインが読めている。
2　芯で打て、なおかつそれが察知できている。
3　思ったところに打ち出す構えができており、その通りに打ち出している。

1についてはすでに述べたが、2もきわめて重要である。芯を外してもカップインすることはあるけれど、それは「結果オーライ」でしかない。芯を外せば、ふつうはショートするか、ボールが順回転していないためカップの手前で変な切れ方をしてしまう。それがカップインしたということは、強く打ちすぎていたか、狙いが正しくなかったかのいずれかということになる。つまり、明らかなミスパットであり、素直に喜ぶわけにはいかないのだ（もちろん、だからといって自分を責める必要はありません。「ラッキー」とつぶやいて、次のパットはちゃんと芯で打とうと思えばいいのです）。

むしろ問題なのは、芯で打てなかったことを悔やむゴルファーより、芯で打てたかどうかが察知できないゴルファーのほうだろう。

「そういう人は、同伴競技者が芯を外しても、ひっかけても、押し出しても、そうと気がつかない。だから、正しくヒットすれば曲がらないラインも曲がると思ってしまう」（伊藤プロ）

ボールをパターの芯でとらえたときは、インパクト時に「パチン」という音がする。もちろんパターによって多少の違いはあるけれど、とにかく〝いい音〟がする。そして、両手にえも言われぬ快感が残る。反対に、芯を外したパットは、どこか鈍い音がして、感触も悪い。

さらに、芯で打ったボールはきれいな順回転をしながら転がっていく。だから、ボールは少々の芝目やボールマークをものともせず、よく伸びるし、そのわりには不思議なことにカップを大オーバーすることもない。つまり、人のパットでも、インパクト時の音を聞き、ボールの転がり方を見れば、芯で打ったかどうかがわかるのである。

自分が芯で打てたかどうかがわからないゴルファーは、まずは芯をとらえたときの感触を覚えることだと伊藤プロは言う。「パターでストロークしたボールが順回転しているかどうかは、ボールの赤道の部分にグルッと線を引いておけば確かめることができます。ジュウタンの上でもパターマットの上でもいいから、練習してみてほしい」。

そういえば、前に登場した先輩のK氏が「いまのはいいパットだった」と私のパッティングをほめてくれることがあるのだが、それは決まってストロークがスムーズで、芯をヒットしたときだ。まあ、それくらい、私はストロークがぎこちなく、芯を外すことが多いということでもあるのだが……。

わずか数十センチのストロークだというのに、なぜ芯を外すのか？　その理由は次項で明らかにしたい。

気持ちよくストロークできる〝頭の位置〟を見つける

パットがカップインするための最後の条件は、「思ったところに打ち出す構えができており、その通りに打ち出している」というもの。もちろん、これは芯で打つことが大前提になっている。しかし、これこそ言うは易く行うは難し。パッティングが苦手なゴルファーの悩みは、たいていそれができないという点にこそあるのではないかと思う。

かくいう私も、どう構えて、どうストロークすれば、芯をとらえつつ「思ったところに打ち出せる」のか、ここ一～二年はそのことばかりを考えてきた。スタンスの幅、膝を曲げる角度、上体の前傾角度、手首の角度、ボールの位置、グリップの強さ、視線、ストロークの仕方……。

パッティングがダメなラウンドがあると、そのたびにああでもない、こうでもないと、構えのあらゆる部分をいじくり回してきた。つまり、同じスタイルのパッティングを続けたことは2～3ラウンドしかなく（！）、今に至るまで「これだ！」という構えは見つかっていない。

考えてみれば、ショットについてはこれまで何回も目からウロコが落ちたことがあるけれど、パットについてはそういう経験が一度たりともないのである。

ところが、伊藤プロは、「パッティングとバンカーショットだけは悩まない自信がある」という。理由は、「こう構えて、こう打てば、こうなる」ということがわかっているからだ。つまり、確固たる自分のスタイルがあり、なおかつ不調時の修正ポイントも熟知しているからである。

「構え方の基本は、自分にとって気持ちよく、何度でも同じ動きができることです」と師匠は言う。それには、

1　カップを見てラインを描く。

2　そのラインの残像をしっかり残し、利き目でターゲット（曲がるラインなら、ブレイクポイント）を見ながら、自分にとって気持ちのいいストロークをしてみる。

3　そのストロークの動きを変えずにくり返しながら、イメージしたラインにヘッドの動きが平行になるような体勢、重心（頭の位置）を探す。

4　ヘッドが真っ直ぐに動く体勢と頭の位置が決まったら、そのまま前に出て、目から入ってきた情報を信じて、1、2のリズムで打つ。

ポイントは、3の「イメージしたラインにヘッドの動きが平行になるような体勢、重心（頭の位置）を探す」にある。上級者はラウンド中に、「ようやくストロークがよくなってきた」ということがあるけれど、伊藤プロの話を聞いて私は彼らの言っている意味がようやくわかった。それは何ホールかまわるうちに体勢や頭の位置がようやく決まって、気持ちよくストロークできる構えが見つかった、という意味なのだ。そして、これはそっくりそのまま、パターの芯でボールをとらえるための極意でもあるのだ。

「パッティングのストロークは、よく〝真っ直ぐ引いて真っ直ぐ出す〟といいますが、そのためには今言ったような構えが必要。構えができていないと、パターを手で操作しなければならなくなり、そうなるとそのたびにストロークの軌道が変わってきて、〝真っ直ぐ引いて真っ直ぐ出す〟ことも、ボールを芯でとらえることもできなくなる。つまり、ボールを思ったところに打ち出すことは不可能になるのです」（伊藤プロ）

中部銀次郎氏も同じようなことを言っている。

ボールの位置を決め、ラインに対してスクェアに構え、真っ直ぐ引いて、真っ直ぐ振り下ろし、スウィートスポットで打つ。そして、打ったあとはラインに対して真っ直ぐフェースを振り出す。わたしが技術的にチェックしていることはそのくらいです。パットは心理的負担を抱えてこなしていくゲームなので、技術的な方法はなるべく簡素化しておいたほうがいい。打ち方の失敗で外すことはゼロに近いくらいにしておかないと勝負に勝てない。そして打ち方に不安があるようでは感性が働かなくなる。

(『新ゴルフの心』)

本当のことを言えば、パッティングの世界とは、ショット以上に複雑で神秘的ですらあるのだろう。だから、いったんその奥に踏み込み、理想のストロークを追い求め始めると、中部氏のような名手でも迷路に入り込んでしまいかねないのだ。

どうやら私は、パッティングの複雑さに怖れをなし、難しく考えすぎていたようだ。自分の〝構え〟をみつけたら、もっとシンプルに考えてみよう。そして、いつかの日か、考えるのではなく、感じるままにストロークできるようになりたいと思っている。

パットは自惚れないと入らない

ラインの読みもOK。タッチもつかめている。もちろん構えにも安定感があり、気持ちよくストロークしたパターは、しっかりボールの芯をとらえている——もし、あなたがある日のラウンドでそんな風に思えたのだとすれば、あとひとつだけ、こう思えばいい。

「おれは、いま世界一パッティングが上手いのだ！」と。

実際は、ラインの読みもタッチも打ち方も満点なんていうラウンドはめったにないかもしれない。しかし、それでも、「世界一」とは言わないまでも、「おれはパットが上手いのだ」という自信だけは持っているべきなのだ。

理由は簡単。パットというのは、不安を抱えたままでは入らないからである。

たとえば、その日ラインの読みに不安があると、「強めに真っ直ぐ打つ」べきか、「タッチを合わせてスライスラインに乗せる」べきか、迷ってしまう。そして、踏ん切りがつかないまま、どっちつかずの打ち方をして外れるということが多い。また、タッチに不安があれば、大ショートや大オーバーをくり返すことになる。

というわけで、実際のラウンドでは、パットについてのもろもろの不安をなくす意味でも自惚れているくらいでちょうどいい。先輩のあるシングル氏いわく「試合では人のショットは褒めても、パッティングだけは褒めない。だって、ショットを褒めると力んでミスしやすいけど、パットは違う。一度褒めたら相手はノリノリになって、ポンポン入りだすからね」。カップインの確率は自信の大きさに比例するのだ（ときに私のパットを褒めてくれるK氏は、やはりいい人なのである）。

そんなことを言っても、実際にパットが入らなければ自信なんてあっという間になくなる

――そんな声も聞こえてきそうである。しかし、なに、入らなかったときは、「そういうこともある」くらいに思っていればよろしい。

アメリカのPGAで活躍するプロゴルファーのパット成功率を距離別に分類したデータがある。それによれば、5フィート（約1・5メートル）のパット成功率は45〜65パーセント、これが15フィート（約4・5メートル）になると、とたんに10〜22パーセントにまで落ちる（パーセンテージの幅は、グリーンの難易度による）。プロだって、1・5メートルのパットが入る確率は五分五分。5メートルのパットが入るのは、多くても5回に1回。私たちが1・5メートルのパットを外したところで、自信を喪失する必要はまったくないのだ。

プロゴルファーは、その日のパッティングが不調に終わると、よく「今日はわたしの日ではなかった」という言い方をする。これは「パッティングの調子は毎日変化する。だから明日は〝わたしの日〟になるかもしれない」、あるいは「パットが入らなかったのは、自分が下手だからではない。今日のところは〝パットの女神〟が微笑《ほほえ》まなかっただけだ」といった意味だと思うが、どちらにしても超ポジティブシンキングであることには変わりがない。

自分がパット下手だと認めてしまえば、1メートルが怖くて打てなくなる。その極端な例が「イップス」である。これは精神的な理由で1メートル、いや50センチのストレートラインが打てなくなってしまう〝病気〟で、これまで何人のプロゴルファーがイップスにかかって大スランプに陥ったり、引退に追い込まれたことか。

まあ、アマチュアは3パットしたからといって、プロのように失うものはないから、イップスなんかにはめったにかからない。しかし、そうであれば、もっと気軽に自惚れていいのではないか。ホームコースの〝キャプテン〟M氏は、返しの1メートルはまず外さない。ある日、その秘訣を聞いてみたところ、M氏はこう答えた。「入るものだと思って、さっさと打つこと。それ以外は何も考えないね」と。

いまこの稿を書きおえて、私は「もうこれからは、自分がパットが下手クソだとは絶対に思わないようにしよう」と心に誓った。次回のラウンドでは「おれはパットが上手いのだ。1メートルを外すはずがない」そう言い聞かせながら、パッティングをしてみようと思っている。

「おれはパットの天才だ！」と自惚れるための三つの練習法

とはいえ——。

いくら「気軽に自惚れよ」とはいっても、そのためには、それなりの根拠も必要だと慎重にして細心な私は思う。根拠もなく、「おれはパットの天才だ！」と思うのは、まあ一種の誇大妄想というものだろう。では、その根拠とは何か？

練習である。ショットは間違った練習をすると下手を固めることがあるけれど、パットの練習はまず裏切らないのだ。

伊藤プロはつねづね「アマチュアゴルファーは、1・5ラウンドやる時間があるなら1ラウンドでやめて、あとはパットの練習をしていたほうがずっといい」と言っている。

「スタート前はそれほど時間もないし、練習グリーンも混雑しているから無理ですが、ラウンドのあとなら練習グリーンも空いているし暗くなるまでできる。練習してほしいのは、とくにロングパット。アベレージゴルファーのなかには、20メートルとか30メートルのパッティングなんて、あまりやったことのない人が多いはず。でも、やったことがなければ、距離感なんて絶対に出てこないわけで、ふだんはめったに打たない距離のパッティングをして、イメージの在庫を増やしておくのです」

①ロングパットの距離感を養う練習

練習グリーンでロングパットの練習をするときは、こんな〝遊び〟をとりいれるのもいい。ロングパットを打ったらすぐに「いまのは1メートル、ショート」とか「2メートル、オーバー」と口に出して予想してみるのだ。もちろん頭を上げたり、目でボールを追ってはダメ。予想と現実が一致するようになったら、あなたの距離感は格段によくなっていることまちがいなし。ついでにいえば、この練習はパッティング時のヘッドアップ防止にも役立つ。

②ストロークをよくするための練習

ストロークをよくするためには、こんな練習もある。伊藤プロの**ブログレッスン集06年2月17日の項**をみてほしい。

用意するものは中身の入った缶ジュース2本とタコ糸。タコ糸を缶ジュースの栓のところに引っかけて、2メートルぐらいに軽く張る。そして、タコ糸を自分がイメージしたラインに見立てたら、ヘッドがタコ糸から外れないようにストロークするという練習である。ゴルフショップでも同じような練習器具を売っているが、これならお金もたいしてかからないし、自宅のジュウタンの上でもできる。

③ショートパットの集中力を養う練習

最後は、ショートパットの練習。ショートパットで大切なのは何といっても集中力だが、次の練習をすれば確実に効果がある。

練習グリーンのカップの周りに、適当な数のボールを半径1メートルの円になるよう等間隔に並べる。で、順番にカップインさせていくのだが、一度でも失敗したら、最初からやり直す。どうしても1メートルを連続して入れられない人は、50センチからスタートしてもいい。そして、少しずつ距離を伸ばしていく。

これはホームコース所属のOプロから教わった練習法で、集中力が養えるだけでなく、カップ回りのあらゆる方向から打つことで、得意なライン・苦手なラインもわかってくる。苦手がわかれば、苦手を重点的に練習すればいいわけだ。フィル・ミケルソンもこの練習を始めてから、ショートパットのミスが減ったというから（たしかに、数年前までの彼は、なんでもないショートパットをよく外していたっけ）、是非お試しあれ。

ただし、ボールを10個も用意すると、たとえ70センチくらいでも、パーフェクトを達成するのは大変。覚悟して練習くださいまし。

なお、パターのフェイスがちゃんと目標を向いているかどうかを確認するには、ロングティーの台の部分をパターのフェイスに両面テープで固定してみるとよくわかる。（前に紹介した『フェイスアングルチェッカー』は磁石で付着するようになっているため、フェイスが樹脂でできているパターには使えない。フェイスが鉄製のパターやアイアンはＯＫ）。

パットの練習は単調になりやすく、そのくせ腹筋や背筋にはかなりの負担がかかる。ときには遊びを取り入れてゲーム感覚で練習するのもいい。またパターマットは、シングルを目指す人には必需品だろう。毎日、十分でもいいからボールを転がす。パッティングの感性とは、そんな日々の積み重ねの中から少しずつ培われてくるのだと思う。

第六章　確実に身につく練習法とは

ゴルフの練習に必要な〝しつこさ〟とは

プロゴルファーとアマチュアゴルファーのもっとも大きな差。それは、素質でもなければ技術でもない。練習の量と質にあるのではないかと私は最近思い始めている。

高校野球の選手がプロの世界に入って最初に驚くのは、練習が高校時代とは比較にならないほどハードで中身が濃いことだという。ゴルフの世界も然り。ＰＧＡきっての練習の虫として知られるビジェイ・シンは、試合中でも、早朝はトレーニング、ラウンド後は日没までドライビングレンジでボールを打ち、夜は再びトレーニングという日課を欠かさないし、タイガー・ウッズだって、出場する試合は減らしても、その間密かにやっている練習や筋肉トレーニングはそれはそれはハードなものだという。

日本では、二〇〇六年の三井住友ＶＩＳＡ太平洋マスターズを制した中嶋常幸プロがそうだ。

彼が五十二歳という年齢にもかかわらず、いまだに300ヤードも飛ばせるのは、一日四時間にも及ぶ肉体トレーニング（企業秘密だそう）のおかげだという。

「私は、人の二倍練習しないと自信をもって試合に臨むことができなかった。だから、現役時代は毎日八時間くらいボールを打ち続けていたこともざらでしたね」

と、伊藤プロもいう。私などは、ついうっかり「プロなんだから練習なんかしなくても上手いはず」と思ってしまったりするのだが、これはとんでもない勘違い。プロはアマ以上に練習しているし、その練習も工夫している。だから彼らはプロの看板を背負っていられるのである。

以上のことを踏まえたうえで、あらためて私たちアマの練習について考えてみたい。

練習なくして、ゴルフが上達しないのは、プロもアマも同じである。ただ、プロとアマ、さらには同じアマでもゴルフの技量の違いによって、練習の量と質だけでなく、練習のテーマが違ってくるのは当然だろう。

私の場合でいえば、伊藤プロに出会ってからは、基本的なスイング作りが大きなテーマになっている。つまり、正しいスイングとは、身体をどう動かすのか（どの筋肉や関節をどう使うのか）ということを学んでいる。おそらく、この私の練習テーマは、大半のアマチュアゴルファーにも共通するのではないかと思う。

いま、私はさまざまなドリルをやるなかで、これまで意識したことがなかった腰や膝などの下半身の動きが少しずつわかってきたところだが、伊藤プロに出会うまでの自分がやってきた練習のことを思うと、なんとまあ無意味で空疎な練習を重ねてきたのだろうと嘆息せざるをえない。

以前の私はといえば、聞きかじったり、読みかじったりした〝スイングの奥義〟だの〝スイングの極意〟だの〝スイングの企業秘密〟だのを嬉々《きき》として試してみることが練習だった。目的は、もちろん「真っ直ぐ、できるだけ遠くにボールを飛ばす」である。

たとえば「もっとグリップをストロングにしたほうが球がつかまる」と聞けば、早速練習場に出かけてやってみる。何発か打つうちに、たまたまいい球がでる。すると、目からウロコが落ち、「とうとうゴルフの極意をつかんだ！」という気になる。ラウンドの前夜は、もう一度、その極意を頭にたたき込み、期待に胸をふくらませてコースに向かう。

ところが、実際のラウンドでは、いっこうにナイスショットが出ない。落胆しつつも首をひねる私。しかし、しょんぼりするのも束の間、また次の奥義や極意や企業秘密に出会う。で、いそいそと練習に出かけ、またも目からウロコが落ちて……。以下、このくり返し。かくして、ゴルフを始めて以来、私の目から落ちたウロコの数は100枚は下るまい。いったい、私の目には何枚のウロコがついているのかと呆《あき》れるほどである。

でも、こういう練習はたしかに楽しいのだ。ボビー・ジョーンズもこう言っている。「ゴルファーにとってもっとも楽しいのは、研究と実験にあけくれている時だ」と。

「研究と実験」とは、「テーマのある練習」と言い換えてもいいだろう。ただし、「とにかく真っ直ぐ飛ばしたい」とか「とにかく遠くに飛ばしたい」というのは、ただの欲であって、テーマとはいえない。「真っ直ぐ飛ばしたい」なら「真っ直ぐ飛ばすためには、身体をどう動かせばいいか」ということを「研究」した上で、その身体の動きをひとつひとつ自分のものにしていくこと。練習のテーマとは、その「ひとつひとつ」であるべきはずだ。

そう考えてくると、その「ひとつひとつ」を教えてくれるのは、ゴルフのスイングを正しく理解している人、すなわちプロや真の上級者しかいないことがわかってくる。そして、彼らがそれを理解し、自分のものにするまでのプロセスを考えてみると、私たちがその「ひとつひとつ」をものにするためにはかなりの時間がかかることも、だ。

テーマを持っている人は練習ぶりがシツコイです。おおむね、1本のクラブを打ちつづける。5番アイアンなら5番、シツコイくらい同じクラブで打ちつづける。5番がうまく打てないのなら、7番にかえてもドライバーにかえてもうまく当たらないと腹を括って打ちつづける。

（中部銀次郎『新ゴルフの心』）

そういえば、伊藤プロのスクールではこんな練習をよくやる。スクールのある武蔵グランドゴルフには、90ヤード先に半径6メートルのグリーンがある。そこを狙って、1打席10球を1セットにして、打席を変えながら10セット、トータル100球のボールを打つ。で、グリーンに乗ったボールの数を競うという練習である。

この練習のテーマは、〝狙う〟という意識を徹底することで、狙うための集中力と構えをつくることにある。

「同じ場所に対して根気強く、しかも数多くのボールを打てること。それこそがその人の持っているセンスなのだと思います」

と伊藤プロはブログに書いている。

「継続は力なり」とはよくいうが、ゴルフの練習にも、ひとつのテーマを追いかけるシツコサが必要なのだ。

ボールを「曲げる」練習のすすめ

こんな話を伊藤プロから聞いたことがある。

アメリカには、トーナメントには出られないが、見せ物としての〝曲打ち〟を見せるプロゴルファーが大勢いる。30センチもあるティーから打ったり、シャフトがゴムホースでできているフニャフニャのクラブで打ったり、さまざまな職人芸を披露して観客を楽しませる。そんな曲打ちのプロに、ある観客が「真っ直ぐなボールを打ってみてくれ」とリクエストしたところ、そのプロいわく、「そんなことができるくらいなら、オレはこんな商売はしていない。とっくにトーナメントに出てるさ」。

「ボールを真っ直ぐ飛ばしたい」というのは、私たち〝ボールが曲がってばかりいる〟アマチュアゴルファーの切なる願いのはずである。しかし、伊藤プロによれば、「真っ直ぐ飛ばすのがいちばんむずかしい」という。「プロゴルファーが打つストレートボールだって、よく見れば曲がっている。というか、少し〝曲げて〟いる。真っ直ぐ打つより〝曲げる〟ほうがはるかに簡単ですから」。

井戸木鴻樹というプロゴルファーがいる。二〇〇六年の公式記録をみると、ドライバーの平均飛距離は256・92ヤードとトーナメントプロ120人中、118位。はっきりいってアマでもこの程度の飛距離の持ち主はざらにいる。

ところが、フェアウエイキープ率となると68・93パーセントで、こちらは堂々の第1位！　井戸木プロが賞金ランキング70位とギリギリのところでシード権が確保できたのは、もちろんこのドライバーの正確性によっていることはいうまでもない。

そんな井戸木プロが、週刊ゴルフダイジェストのインタビューに答えて、こんなことを言っている。

アマチュアの人の多くが、曲がりを嫌ってストレートなボールを打ちたがってますけど、ボクは『ボールは曲がるもの』と考えてゴルフをしたほうがやさしいと思うんです。ストレートボールなんて、絶対に打てへんボールを追求するぐらいなら、フックでもスライスでも、どっちでもええから、その曲がりに磨きをかけたほうがずっとええと思いますね。そうすれば曲がりが計算できるし、プレーが安定します。ボールを曲げたほうがコースを広く使えますしね。（06年11月21号）

なぜ、ボールは真っ直ぐより、曲げるほうがやさしいのか？

流体力学的にいえば、ボールを真っ直ぐに飛ばすためには、進行方向に対して完璧なストレートスピン（もしくはバックスピン）をボールに与えなければならない。そのためには、クラブフェイスが寸分の狂いもなくスクエアにボールをとらえる必要があるが、人間はロボットではない。どんなにスクエアにとらえようとしても、その人の体型やちょっとしたスイングのクセによって、クラブフェイスはわずかでも斜めの向きでボールに当たってしまう。その結果、ボールにはサイドスピンがかかり、曲がるのである。

では、なぜ、曲がるボールに磨きをかけると、コースが広く使えるのか？

たとえばフェアウエイの幅が30ヤードだとする。その真ん中をストレートボールで狙った場合、左右に15ヤード以上曲がるとラフにつかまってしまう。

しかし、最初からスライスボールを打つつもりならどうなるか。狙いは当然、フェアウエイの左端ということになるが、その場合は、右に30ヤード曲がっても、まだフェアウエイをキープできる。つまり、スライスボールなら曲がり幅の許容範囲がストレートボールの二倍もあるのだ。

というわけで、スライスに悩む人は、いっそのことスライスを持ち球にして、曲げ幅をコントロールする練習をしてみてはどうだろう。〝曲がる〟のではなく〝曲げる〟のである。

もっとも、私の場合は、スライスもフックもどっちも出る。打ってみないとどうなるかわからないというのでは、狙うもへったくれもない。理想は、きれいなドローボールで高く遠くに飛ばしたい。しかし、アゲンストでは、低い〝パワーフェード〟を打ちたいという贅沢な望みを持っているのだが、それは今後の課題としよう。

伊藤プロの**ブログレッスン集（06年2月27日）**に、**「ストレートとフックの比較」**と題して、伊藤プロの詳細な解説と模範スイングがある。是非参考にしてほしい。

自動ティーアップ、打ち放題は百害あり

あなたは、練習場で１００球打つとき、どれくらい時間をかけますか？
もし四十〜五十分で打ち終えてしまうのなら、これはちょっと早すぎる。休憩時間も含めて、私は最低でも一時間はかけるべきだと思う。
たとえば、ジャック・ニクラスは、シーズン初めの練習について、こう言っている。

冬季、ゴルフを無視していたのに、一日休みをとり、何千個もボールを打つのは、筋肉の痛みとマメのほかに得るものはない。機関銃のように打つ癖があるなら、練習ボールを2、3歩離れたところに置くとよい。そうすればショットごとに時間をとり、考えざるを得なくなる。

（『ジャック・ニクラスのゴルフレッスン』）

あるいは、中部銀次郎氏。

練習場では、ただ闇雲にボールを打てばいいというものではありません。それなりに工夫しながら、上達に結びつく練習をすることです。それでなければ練習に費やした時間が実にもったいないではないですか。

（『わかったと思うな　中部銀次郎ラストメッセージ』）

いったんコースに出たら、スイングについては考えないことだが（注意すべきポイントは、構え方でひとつ、スイングについてひとつが限界。それ以上チェックポイントを増やすと、スイングがぐちゃぐちゃになります！）、練習場は違う。ここは、スイングについて大いに考え、練習法もあれこれ工夫すべき場所なのだ。

たとえば、テイクバックでクラブを内側に引きすぎてしまう悪癖をなくそうとして練習しているのなら、実際にボールを打つ前に、クラブの軌道を確認する（このとき、頭を右に回すことになるが、上体や頭の角度が実際のスイング時と同じであることが大切）。そして、クラブが身体の回転にともなってスムーズに動くよう、下半身を動かしてみる。このリハーサルがうまくいったら、狙いを定め、本番さながらのプレショット・ルーティンのあと、ボールを打つ。

伊藤プロは、「スイング作りの段階では、ボールがどこに飛んでいったか、ショットの〝結果〟は、あまり重視しなくていい。それより、自分がイメージしたスイングができたかどうかをチェックすることが大切です」という。そのためには、ときにビデオカメラで自分のスイングを撮影し、確認してみる必要もあるだろう。

いずれにせよ、こんな具合に一球一球、ていねいに打っていけば、100球打つのに最低でも1時間はかかるはず。無駄球を一球たりとも打ちたくないケチな私は、休憩時間も含めると

100球打つのに八十〜九十分もかかってしまうほどだ。

さらに、練習には〝積極的な休憩〟も大切である。〝練習魔〟ともいわれたベン・ホーガンは、練習場で25個のボールを打ちおえると、かならず休憩して、キャディがボールを集めるのを待っていたという（当時の練習場では、自分が打ったボールは、自分かキャディが回収するしかなかった）。理由は、ボールを連続して何十、何百発と打ってしまうと、何のために練習しているのか考える時間がなくなってしまうからだ。

考える時間をつくるためには、練習場にノートを持参して、気づいたことをメモしておくのもいい。ベン・ホーガンも、練習場にはノートを持参し、「練習が終わった段階で毎回、その日の練習の主眼点が何で、それがどのように進展したか、さらに、次に練習場にきたら正確にどの段階から練習を再開するかといった点を記入することが、自分にとって大変有益であることを悟った」（『モダン・ゴルフ』）と言っている。

私も一時期、メモ帳を練習場に持参していたが、現在はパソコンをメモ帳の代わりにして、ラウンドや練習から帰ったら、すぐにその内容や〝気づき〟を記録している。

練習のやり方も、ただ「狙って打つ」というだけでなく、これまで本書で紹介してきた伊藤プロ直伝のドリルを取り入れたり、練習場をコースに見立てて、一球一球クラブを変えて打ってみる。

練習場でのナイスショットがコースで出ない理由をひとことでいえば、心理的な面も含めて、練習場とコースでは環境が違いすぎるからだ（考えてみれば、こんなスポーツはゴルフしかない。サッカーでもバスケットでも水泳でも、その練習場所は、本番の会場と基本的に同じ環境である）。練習場に通うペースでラウンドレッスンを受けることができれば、上達のスピードが格段に早くなることはまず間違いないところだが、そんなことが望めない以上、練習場を少しでもコースに近づける工夫はすべきだろう。

たとえば知り合いのシングル氏は、「10球続けて60ヤード先のグリーンに乗せるまで、練習を終えない」というルールを設けている。そうすると「9回連続して成功したあとの最後の一球は、試合の最終ホールのような緊張感がある」という。

こうした頭をつかった練習をするためには、自動ティーアップ機のある練習場や〝時間内打ち放題〟の練習場が、いかにふさわしくないかがおわかりだろう。自動ティーアップ機は、いちいち自分でボールをティーアップする必要がないから、ついポンポン打ってしまう。しかし、ドライバーは自分でティーアップするところから始めないと、本番を想定した練習にはならない。〝時間内打ち放題〟の練習場に至っては、論外。「一球でも多く打たなきゃ損」とばかり、休憩もとらずに、超アップテンポでガムシャラに打つ。その結果、残るのは、若干の〝お得感〟と筋肉痛だけだ。それでも、ときにアプローチの練習と称して、この手の練習場に行ってしまう自分が悲しかったりもするけれど……。

100球打つより、30分のストレッチ

筋肉痛といえば、私はいま、「毎日でも練習できるだけの体力と筋力のある若者」がつくづくうらやましい。

伊藤プロのレッスンに通うようになってからというもの、私のゴルフ熱は一段と高まり、自分でいうのもナンだが、〝練習の虫〟状態になっている。ところが、それと引き換えに、腰痛をはじめ下半身のさまざまな部位に疲労が蓄積するようになった。少々痛みがあっても、練習しているうちに痛みを忘れてしまうのがゴルフの怖いところで、そのくり返しによって、いつのまにか疲労が蓄積し、痛みが慢性化してしまったのだ。

ホームコースの先輩シングル氏たちのなかには、腰痛や膝痛などでハリに通っていたり、なかにはドクターストップを宣言されてしまった人もいる。ゴルフはラクにやろうと思えばラクにできないわけではないけれど、しっかりスイングしようとすれば、やはりそれなりの体力と筋力が必要なのである。

中嶋常幸プロが、四十代のゴルファーに向けて、こんなことを言っている。

40代の方が気をつけないといけないのは、体の硬化です。（中略）その動きをスムーズに行うためにも、ストレッチは欠かせません。毎日30分のストレッチは毎日100球を打つことと同等の値打ちがあるのです。

（『40歳にしてわかる「理にかなう」ゴルフ』）

四十歳どころか五十歳の私は、最近になって練習やラウンドの前には、かなり入念にストレッチをやるようになった。家にいるときでも、入浴後は畳の上に大の字になってのストレッチを欠かさないし、どうしても痛みや疲労がとれないときは、スポーツマッサージを受けることもある。さらに、筋力アップのために伊藤プロのHPに掲載されている股関節トレーニングと腹筋を少々。

ゴルフ上達のため、いや、いつまでもゴルフを楽しむためには、身体のメンテナンスにも気をつけなければならないことを痛感し始めた今日この頃である。

ゴルファーの目からウロコは何枚落ちるのか

プロゴルファーでも、練習や試合の最中に、天啓のように何かが〝ひらめく〟ことがあるという。たとえば、二〇〇六年十月に開催された富士通レディースの最終日。前半を40という散々なスコアで終えた宮里藍プロは、10番ホールで突如として〝ひらめく〟ものがあり、パターを握る両手の間隔を少しだけ離したという。その結果、後半はなんと9パットの30。首位に1打差の2位に食い込んでしまった。

伊藤プロからも、こんな話を聞いたことがある。ある男子プロが、試合の前に何の気なしにゴルフ雑誌をめくっていた。ところが、あるレッスン記事に目がとまった彼は、そこで何かが天啓のようにひらめいてしまった。そして、さっそく試合でその〝ひらめき〟を実行してみたところ、あっさり優勝したというのだ。

この種のプロの〝ひらめき〟は、私がこれまでに落としてきた〝目のウロコ〟とはまったく次元が違うものなのだろうが、それはともかく、プロがアマチュア向けのゴルフ雑誌を読んで〝開眼〟。優勝までしてしまうのだから、ゴルフは面白いとしかいいようがない。伊藤プロのスクールが「ひらめきゴルフ塾」と名付けられているのもむべなるかな、である。

ただし、この種の〝ひらめき〟のなかには、一生の財産になるものもあれば、泡沫のように消えてしまうものもある。いや、なかにはかえって上達の邪魔をするものもあるからやっかいだ。

「スイングの欠点を直すには、対処療法的なやり方と根本的な治療法のふたつがあります。前者は、いってみれば症状別のツボみたいなもので、即効性がある。だから、そういうツボを教えて欲しがるアマチュアはとても多い。たしかに、そのツボを教えれば一度はうまくいく。しかし、しだいにそのツボを過剰に意識するようになってきて、またうまくいかなくなってしまう。だから、私はあまりそういう指導はしません」(伊藤プロ)

そう、私がこれまで落としてきた目のウロコは、人から教わったものも、自分で発見したものも、すべてこの対処療法的な特効薬だったのに違いない。ゴルフが上手くなるためには、同じ〝ひらめき〟でも、もっと本質的な〝ひらめき〟が必要で、そういう〝ひらめき〟を得るためには、ゴルフのスイングそのものを深く理解していなければならないのだから。

ボビー・ジョーンズも『ゴルフの神髄』のなかでこう言っている。

わたしはいつも、並はずれたスコアをもたらすこれらの閃《ひらめ》きについては懐疑的である。通常は、反動によってスコアが悪くなるケースのほうが、閃きによってスコアが良くなるケースよりも多い。

スイングについての理解が不足しているアベレージ・ゴルファーの場合は、ある特定の欠点を直すために教えられたことだけにしか意識が向かない。したがって、アベレージ・ゴルファーは、教えられた意識の方向がいつまでも効果があるものと期待してはならないのだ。

おそらく藍ちゃんだって、パターのグリップを少し離すことで、パッティングにおけるすべての問題が解決したとは思っていないだろう。あの〝ひらめき〟は、あくまで〝あの試合用のひらめき〟であり、そのことは彼女自身よくわかっているはずと思う。

ゴルフにおける〝ひらめき〟には、まだ面白いところがある。

ある日、何かがひらめく。と、その〝ひらめき〟は、昔読んだレッスン書に書いてあることだったり、以前、誰かからアドバイスされたことだったりするのだ。

たとえばレッスン書に、「肩と両腕でできる三角形を崩さないでバックスイングする」と書いてあったとする。スイングについての理解が浅い段階では、そのアドバイスの意味がいまひとつわからず、また実行しようとしてもなかなかうまくいかない。

しかし、後年、スイングプレーンからクラブが外れないように上体を捻ることができるようになると、必然的に「肩と両腕でできる三角形を崩さないでバックスイングする」ことができている自分に気がついてしまう。

「レッスン書に書いてあることは、できないうちは読んでも理解できない。できるようになって読んでみると、よく理解できる」と言った人がいるけれど、まさにその通り。その意味で、「これは」と思ったレッスン書は、一読して本棚の奥にしまってしまうのではなく、ある程度

「できる」ようになってから再読してみる。プロや上級者が授けてくれたアドバイスも、耳に入れるだけでなく、ノートかパソコンにメモとして残しておくことをおすすめする。

たとえていえば、こうしたヒントやアドバイスは、スイングというジグソーパズルを完成させるための1ピースのようなものだ。

最初のうちはピースの数が少なくどれとどれを組み合わせたらいいのかわからない。しかし、しだいにピースの数が増えてくると、なんとなく全体像が見えてきて、ある日、穴の空いていた部分にピタリと納まるピースが見つかったり、反対に、いつのまにか紛れ込んでいた不要なピース（間違った身体の動きや力の入れ方）が見つかったりする。そうしたさまざまな試行錯誤や取捨選択を経て、少しずつ完成していくのがゴルフのスイングというものなのだと思う。

こういうと、ゴルフのスイングを緻密なガラス細工か何かにたとえているみたいだが、前に伊藤プロの言葉を紹介したように、スイングとは「縦に動く腕と回転する身体の合体運動」でしかない。できてしまえば、「な〜んだ、こんな単純なことだったのか」となるはずなのだ、きっと。

そのためには、やはり「考え込まずに〝感じる〟こと」が何より大切なのだろう。ついつい考え込んでしまう私は、この本の最後に、自戒もこめて、この言葉を読者に捧げたいと思う。

エピローグ

これまで、本書のなかで私は「ゴルフが上手くなりたいとあせるあまり、遠回りしてきた」とさんざん嘆いてきた。けれども、最近になって、ゴルフとはそもそもの話、遠回りすることが宿命づけられているスポーツなのではないかと思いはじめている。

理想的なスイングを身につけるためには、AからEまでの五つの階段があるとする。いま、Dまで到達した人は、あとひとつ階段を昇るだけでいいのだが、DからEにはなかなかスッといけない。いったんCに戻ったり、あるいはDからE'という横道に逸れたりして、ようやくEに到達する。双六の〝上がり〟寸前のところで何度も往復するあの歯がゆさ。それがそれぞれの階段と階段の間にあるのだ。

さらに、一流のプロゴルファーのなかには、Eに到達したことには満足せず、FやGという高みを目指す人もいる。が、そういう次元の高い話はさておき、私たちアマチュアゴルファーは、遠回りしようがどうしようが、とにかくEに到達できれば万々歳のはずだ。

仮に、あなたはゴルフのスイングをマスターするための階段を遠回りしながらでもすべて昇り切ったとしよう。あなたは、どんなライにあるボールに対しても、もう不安を抱くことはない。こう打てば、こうなるというイメージがわいてきて、その通りにスイングができるのだ。

何と素晴らしいことだろう。私も一日も早くそうした境地に達したいものだが、それでもあなたは、スイングのすべてがわかったとはいえない。なぜか。

「アメリカのあるティーチングプロが、こんなことを言っていました。ゴルファーになるには六年かかる。三年かけてスイングを学び、三年かけてそれを忘れなければならないからって」

ある日、師匠がぽつりと漏らした言葉である。

一切を知ったうえで、一切を忘れる――なんだか禅の境地みたいな話だけれど、真のゴルファーとは、それくらい無になってスイングができるという意味なのだろう。

こうなると、ゴルフとは〝究めても究め尽くせない道〟のようなもの。真のゴルファーになるためには、六年どころか、もっと時間がかかるような気がしてくる。

想像するだけで頭がクラクラしてくるけれど、ま、それもいいではないか。いや、むしろ、そのほうがむしろありがたいのだ。なぜなら、ゴルフがかくも究め尽くせないということは、それだけ長くゴルフが楽しめるということだからだ。そもそもの話、六年くらいで悟ってしまえるようなスポーツなら、誰がこんなに夢中になるものか！

私はプレーを楽しみ、練習を楽しんできた。翌日のスケジュールがトーナメントのラウンドであっても、あるいは単に練習場に足を運ぶことであっても、いずれの場合もゴルフができるという見通しは、感謝すべきことであり、私を幸せにしてくれた。翌朝、太陽が昇ると同時に、再びボールを打ちに出ることが、私には待ち遠しくてならなかったのである。

〝練習の虫〟といわれたベン・ホーガンは『モダン・ゴルフ』の最後にこう記している。死ぬまでゴルフに夢中になった男のバカ正直なほどのゴルフへの愛に、私は胸を打たれる。

ベン・ホーガンと比べれば、ゴルフにおける心技体、すべて比較するのもおこがましいほど劣っている私だが、ゴルフができることに対する感謝の気持ちとその歓びを十二分に感じているという一点においては、彼とまったく変わるところがない。

感謝といえば、この本は、私ひとりの力では到底、書き通すことができなかった。伊藤プロとの出会いがなければそもそもこの本の企画自体、生まれようがなかったし、古今東西のゴルフの名手たちが残した言葉や、ホームコースのOプロ、K氏、〝キャプテン〟M氏などの諸先輩、さらに行きつけの練習場でゴルフ工房をやっているY氏などから頂いたアドバイスがなければ、この本はただのヘボゴルファーの繰り言で終わっていただろう。みなさん、ほんとうにありがとうございました。心から感謝しています。

この本が、ベン・ホーガンのいう「頭を使ってゴルフに取り組む」方法のひとつの答えになっていることを信じて、さて、執筆中の練習不足を取り戻すべく、これからちょっと練習場に行ってきます。

小泉十三

著者略歴

小泉十三《こいずみじゅうぞう》

一九五六年生まれ。早稲田大学文学部卒業後、出版社に入社し、書籍の編集に携わる。その後、独立して事務所を構え、現在は単行本の編集・執筆を精力的に行っている。著書に、昨今の「頭がいい人」本ブームの原点になった『頭がいい人の習慣術』(河出書房新社)ほか多数。ゴルフ歴は十五年。二〇〇四年夏、コースのメンバーになり週イチゴルファーへ。一年でハンディキャップを19から9に減らすも、その後、大きな壁にぶつかり、現在は11。目下、伊藤正治プロの教えをうけつつ、真のシングルプレイヤーになるべく奮闘中。

アドバイザー略歴

伊藤正治《いとうまさはる》

一九五九年生まれ。プロゴルファー。武蔵グランドゴルフ所属。中学からゴルフをはじめ、日大在学中に、関東アマ9位、日本アマ14位の好成績を収める。卒業後はプロとして国内外のツアーに参戦。アマチュアの指導にも力を入れ、約二十年間で千人以上の生徒を指導。長年にわたり競技生活を続けてきた経験からそのアドバイスは真髄を究める。近年はブログで動画を取り入れたレッスン指導が話題に。

「伊藤正治のひらめきゴルフ塾」http://www.geocities.jp/hirameki_golf/index.html

幻冬舎新書 028

頭がいい人のゴルフ習慣術

二〇〇七年三月三十日 第一刷発行
二〇一〇年五月二十五日 第十一刷発行

著者 小泉十三

発行人 見城徹
編集人 志儀保博

発行所 株式会社 幻冬舎
〒一五一-〇〇五一 東京都渋谷区千駄ヶ谷四-九-七
電話 〇三-五四一一-六二一一(編集)
〇三-五四一一-六二二二(営業)
振替 〇〇一二〇-八-七六七六四三

ブックデザイン 鈴木成一デザイン室
印刷・製本所 株式会社 光邦

Printed in Japan ISBN978-4-344-98027-3 C0295
こ-3-1

幻冬舎ホームページアドレス http://www.gentosha.co.jp/
*この本に関するご意見・ご感想をメールでお寄せいただく場合は、comment@gentosha.co.jp まで。